코치학원교육총서

일본유학시험대비
모의고사문제집

수학
코스 1

MATHEMATICS COURSE 1

EXAMINATION FOR JAPANESE UNIVERSITY ADMISSION FOR INTERNATIONAL STUDENTS

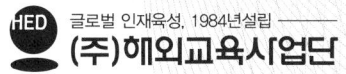

머리말

일본유학시험(EJU)은 일본의 대학에 입학을 희망하는 유학생을 대상으로 하는 공통 시험입니다. 대학 등에서 필요로 하는 일본어 능력 및 각 과목의 기초학력을 평가하는 것을 목적으로 하고 통상 1년에 2회 실시됩니다.

일본유학시험에서는 기초적인 지식뿐만 아니라 종합적인 고찰력과 사고력이 필요합니다. 또한 정해진 시간 안에 재빠르게 정답에 도달하기 위한 독해력과 판단력도 요구되는 데다가, 마크시트 형식이라고 하는 독특한 해답 형식에 익숙해질 필요도 있습니다. 이러한 시험에서 고득점을 받기 위해서는 일본유학시험과 동일한 형식으로 출제된 양질의 문제를 많이 접하는 것이 효과적입니다.

이 책은 위와 같은 점을 근거로 하여 과거에 EJU에 출제된 문제를 철저하게 연구·분석한 다음 작성된 모의고사 문제집입니다. 형식·내용·레벨에 대해 실제 시험에 가까운 문제가 전 10회분 수록되어 있어 실전처럼 시험에 많이 도전할 수 있게 되어 있습니다. 또한 권말에는 정답뿐만 아니라 해설도 함께 포함되어 있습니다. 이 책을 활용함으로써 학력의 향상과 함께 흔들림 없는 자신감을 몸에 익힐 수 있을 것입니다.

이 「일본유학시험(EJU) 대비 모의고사 문제집」 시리즈 및 코치학원 발행의 자매서를 철저하게 학습하고 여러분이 희망하는 미래로 나아가 활약하시기를 바랍니다.

2024년 10월

(주)해외교육사업단

이 책에 대해서

　유학생을 위한 진학예비교인 코치학원은 지금까지 일본유학시험(EJU)에 출제된 문제를 분석하여 유학생 여러분이 어떻게 학습하면 시험에 대응할 수 있는 실전능력을 기를 수 있는지를 연구해 왔습니다. 이 책은 그 오랜 세월에 걸친 연구의 성과를 포함한 문제집입니다.

▶ 일본유학시험 (EJU)「수학 코스 1」에 대해서

　일본유학시험의 출제과목은 일본어, 이과(생물·화학·물리), 종합과목, 수학으로 4 과목입니다. 수학은 다시

　　수학 코스 1 　문과 학부 및 수학을 필요로 하는 정도가 비교적 적은 학부·학과를 위한 시험
　　수학 코스 2 　수학을 고도로 필요로 하는 학부·학과를 위한 시험

으로 나뉘어져 있습니다. 수험자는 지망대학의 학부·학과의 지정에 따라 어느 한 쪽을 선택할 필요가 있습니다.

　수학 코스 1 과 코스 2 는 모두 다음과 같은 시간 및 형식으로 시험이 진행됩니다.

　　　　시험시간 : **80분**
　　　　해답용지 : **마크시트형식**
　　　　문제수　 : **총 6 문제**

수학 코스 1 의 출제범위는 다음 6 개 항목입니다.

　　　1. 수와 식　　　　　　2. 2 차함수
　　　3. 도형과 계량　　　　4. 경우의 수와 확률
　　　5. 정수의 성질　　　　6. 도형의 성질

또한, 문제에서 사용되는 기호나 용어는 일본의 고등학교 표준 교과서에 준하고 있습니다.

▶ 이 책의 구성과 사용법

모의시험 10회분

　EJU의 모의시험을 10회분 게재하였습니다. 실제 시험과 마찬가지로 80분의 시험을 10 회 체험할 수 있습니다.

　문제는 EJU의 출제경향(구성 및 문제수, 난이도) 및 출제형식에 맞게 작성되었습니다. EJU 수학 코스 1 은 6 개의 출제항목에서 총 6문제가 출제됩니다만 반드시 위 1~6 의 순서에 따라 중요도 및 빈도로 출제되는 것은 아닙니다. 이 책을 반복하여 풀면서 출제경향 및 패턴을 파악하시기 바랍니다.

정답/간략 해설, 해답 방침

문제를 푼 다음 반드시 정답과 대조하시기 바랍니다. 간략 해설, 해답 방침은 해답 과정의 일부 및 적용되는 공식을 나타내는 것입니다. 중간의 간단한 계산 및 값을 대입한 식은 생략하고 있습니다만 자신의 힘으로 생략된 부분을 보충하면서 끝까지 실제로 풀어 복습하시기 바랍니다. 모범적인 해답 방법을 처음부터 끝까지 따라해 보는 것이 수학 실력을 늘리기 위한 지름길입니다.

▶ 마크시트 기입 상의 주의점

1. 해답은 해답용지(마크시트)에 연필(HB)로 기입하세요.

2. 문제 지문의 A, B, C, ...에는 각각 − (마이너스 부호), 또는 0부터 9까지 숫자가 하나씩 들어갑니다. 적절한 것을 골라 해답용지의 해당하는 해답란에 마크하세요.

3. 동일한 문제 지문에 $\boxed{A}$, $\boxed{BC}$ 등이 반복하여 나오는 경우 두번째 이후는 $\boxed{A}$ 와 $\boxed{BC}$ 같이 표기하고 있습니다

4. 해답에 관한 기입상 주의

   ① 근호($\sqrt{}$)의 안에 나타나는 자연수가 최소가 되는 형식으로 답하세요.

   (예: $\sqrt{32}$ 일 때는 $2\sqrt{8}$ 이 아니라 $4\sqrt{2}$ 로 답합니다.)

   ② 분수를 답할 때는 부호는 분자에 붙여 기약분수(reduced fraction)로 답합니다.

   (예: $\frac{2}{6}$ 는 $\frac{1}{3}$, $-\frac{2}{\sqrt{6}}$ 는 $\frac{-\sqrt{6}}{3}$ 로 답합니다.)

   ③ $\frac{AB\sqrt{C}}{D}$ 에 $\frac{-4\sqrt{2}}{3}$ 로 답하는 경우는 아래와 같이 마크합니다.

【해답용지】

	−	±	0	1	2	3	4	5	6	7	8	9	ⓐ	ⓑ	ⓒ	ⓓ
A	●	±	0	1	2	3	4	5	6	7	8	9	ⓐ	ⓑ	ⓒ	ⓓ
B	−	±	0	1	2	3	●	5	6	7	8	9	ⓐ	ⓑ	ⓒ	ⓓ
C	−	±	0	1	●	3	4	5	6	7	8	9	ⓐ	ⓑ	ⓒ	ⓓ
D	−	±	0	1	2	●	4	5	6	7	8	9	ⓐ	ⓑ	ⓒ	ⓓ

목 차

머리말	iii
이　책에　대해서	iv
모의고사　제 1 회	1
모의고사　제 2 회	15
모의고사　제 3 회	29
모의고사　제 4 회	43
모의고사　제 5 회	57
모의고사　제 6 회	71
모의고사　제 7 회	85
모의고사　제 8 회	99
모의고사　제 9 회	113
모의고사　제10회	127
정답	141
간략해설·해답방침	152
부　록	165

모의고사

제1회

I

問1 a, b は実数とし，x に関する2次関数 $f(x) = -x^2 + ax + b$ を考える。また，$-3 \leqq x \leqq 3$ の範囲における $f(x)$ の最大値を M，最小値を m とする。$y = f(x)$ のグラフが $(-2, 1)$ を通るとき，次の問いに答えなさい。

(1) b を a で表すと，
$$b = \boxed{A}\,a + \boxed{B}$$
である。

(2) 次の2つの場合に分けて，M と m を求めると，

　(i) $a \geqq \boxed{C}$ の場合，
$$x = 3 \text{ のとき}, \quad M = \boxed{D}\,a - \boxed{E}$$
$$x = -3 \text{ のとき}, \quad m = -\boxed{F}\,a - \boxed{G}$$

　(ii) $a \leqq \boxed{HI}$ の場合，
$$x = -3 \text{ のとき}, \quad M = -\boxed{F}\,a - \boxed{G}$$
$$x = 3 \text{ のとき}, \quad m = \boxed{D}\,a - \boxed{E}$$

(3) a が $\boxed{HI} < a < \boxed{C}$ を満たすとき，関数 $f(x)$ は $x = 2$ で最大値をとるとすると，
$$a = \boxed{J}, \quad b = \boxed{KL}$$
$$M = \boxed{MN}, \quad m = \boxed{OP}$$
である。

— 計算欄 (memo) —

問 2 円周上に等間隔に 12 個の点 A~L がある。

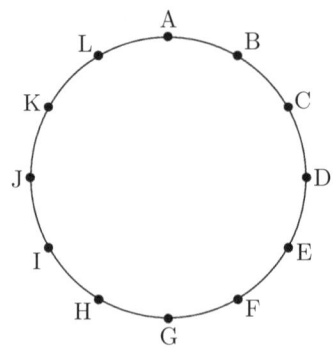

(1) これらのうちの 3 個の点を結んで三角形をつくるとき，

正三角形は全部で　**Q**　個

直角三角形は全部で　**RS**　個

二等辺三角形は全部で　**TU**　個

ある。

(2) これらのうちの 4 個の点を結んで四角形をつくるとき，

四角形は全部で　**VWX**　個

長方形は全部で　**YZ**　個

ある。

― 計算欄 (memo) ―

Ⅰ の問題はこれで終わりです。

II

問1 $x = \dfrac{2\sqrt{6}+\sqrt{2}}{\sqrt{6}+2\sqrt{2}}$ の整数部分を a, 小数部分を b とする。

(1) x の分母を有理化すると,
$$x = \boxed{A}\sqrt{\boxed{B}} - \boxed{C}$$
となり,
$$a = \boxed{D}$$
$$b = \boxed{E}\sqrt{\boxed{F}} - \boxed{G}$$
を得る。

(2) c, d は整数とする。$ax^2 - bx - \sqrt{3}c - d = 0$ ならば,
$$c = \boxed{H}$$
$$d = \boxed{IJ}$$
である。

- 計算欄 (memo) -

問 2 数直線上の部分集合 A, B を
$$A = \{x \mid x < 3\}$$
$$B = \{x \mid x^2 - 6x + 8 < 0\}$$
とするとき，
$$A \cap B = \left\{x \;\middle|\; \boxed{\text{K}} < x < \boxed{\text{L}}\right\}$$
$$A \cup B = \left\{x \;\middle|\; x < \boxed{\text{M}}\right\}$$
$$\overline{A} \cap B = \left\{x \;\middle|\; \boxed{\text{N}} \leqq x < \boxed{\text{O}}\right\}$$
$$\overline{A} \cup \overline{B} = \left\{x \;\middle|\; x \leqq \boxed{\text{P}},\; \boxed{\text{Q}} \leqq x\right\}$$
である。

― 計算欄 (memo) ―

II の問題はこれで終わりです。II の解答欄 **R** ~ **Z** はマークしないでください。

III

x, y は整数とし，次の方程式を考える。

$$3xy + 6x - 5y - 14 = 0 \quad \cdots\cdots ①$$
$$3x^2 + 2xy + 2y^2 - 4x - 5y + 2 = 0 \quad \cdots\cdots ②$$

このとき，①，②の解をそれぞれ求めよう。

(1) ①は

$$\left(\boxed{3}\,x - \boxed{5}\right)\left(y + \boxed{2}\right) = \boxed{4}$$

と変形できるから，

$$(x, y) = \left(\boxed{1},\,\boxed{-4}\right),\,\left(\boxed{2},\,\boxed{2}\right),\,\left(\boxed{3},\,\boxed{-1}\right)$$

である。ただし，$\boxed{E} < \boxed{H} < \boxed{J}$ となるように答えなさい。

(2) ②を x についての 2 次方程式とみて，判別式を D とすると，

$$\frac{D}{4} = -\left(\boxed{5}\,y - \boxed{1}\right)\left(y - \boxed{2}\right)$$

である。

①は実数解をもつから

$$\left(\boxed{5}\,y - \boxed{1}\right)\left(y - \boxed{2}\right) \leqq 0$$

であり，これを解くと

$$\frac{\boxed{1}}{\boxed{5}} \leqq y \leqq \boxed{2}$$

となる。

y は整数であるから

$$y = \boxed{1},\,\boxed{2}$$

である。ただし，$\boxed{P} < \boxed{Q}$ となるように答えなさい。

よって，

$$(x, y) = \left(\boxed{1},\,\boxed{1}\right),\,\left(\boxed{-2},\,\boxed{2}\right)$$

である。

− 計算欄（memo）−

Ⅲ の問題はこれで終わりです。Ⅲ の解答欄 T ～ Z はマークしないでください。

IV

三角形 ABC で，AB = 7, BC = 6, CA = 5 とする。

(1) $\cos B = \dfrac{\boxed{A}}{\boxed{B}}$ である。

三角形 ABC の面積を S とすると，
$$S = \boxed{C}\sqrt{\boxed{D}}$$

である。また，三角形 ABC の内接円の半径を r とすると，
$$r = \dfrac{\boxed{E}}{\boxed{F}}\sqrt{\boxed{G}}$$

である。

(2) ∠A の 2 等分線と辺 BC との交点を D とすると，
$$\text{BD} : \text{DC} = \boxed{H} : \boxed{I}$$

より，
$$\text{BD} = \dfrac{\boxed{J}}{\boxed{K}}$$

$$\text{AD} = \dfrac{\sqrt{\boxed{LMN}}}{\boxed{O}}$$

である。

― 計算欄（memo）―

IV の問題はこれで終わりです。IV の解答欄 P ～ Z はマークしないでください。

모의고사

제2회

I

問1　x の2次関数 $f(x) = ax^2 + bx + c$ を考える。

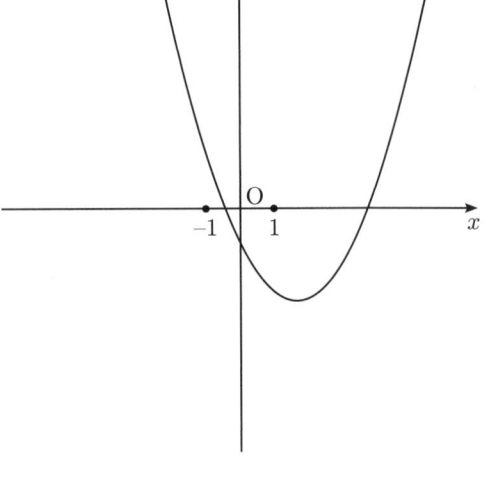

(1) 次の文中の A ～ G には下の選択肢 ⓪～② の中から適するものを選びなさい。

$y = f(x)$ のグラフが右図のようになるとき，a, b, c は次の式を満たす。

(i)　a [A] $0,$
　　b [B] $0,$
　　c [C] 0

(ii)　$a + b + c$ [D] 0

(iii)　$a - b + c$ [E] 0

(iv)　$\dfrac{a}{9} + \dfrac{b}{3} + c$ [F] 0

(v)　$b^2 - 4ac$ [G] 0

⓪　$>$　　①　$=$　　②　$<$

(2) 次の文中の H , I には右ページの選択肢 ⓪～⑧ の中から適するものを選びなさい。

$y = f(x)$ のグラフが上図のようであるとき
$y = ax^2 - bx - c$ のグラフは [H] ，$y = -ax^2 - bx + c$ のグラフは [I]
のような概形である。

（ I は次ページに続く）

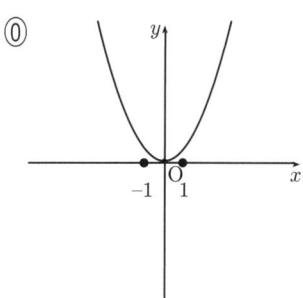
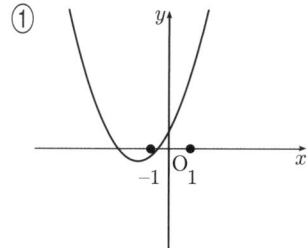
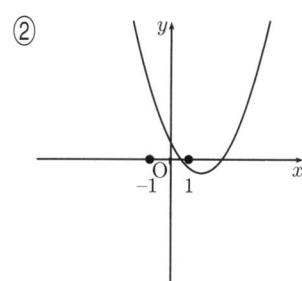
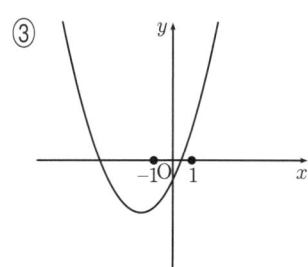
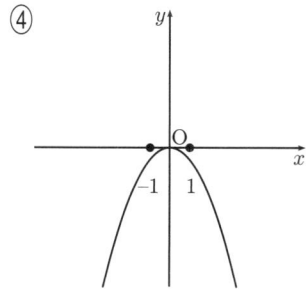
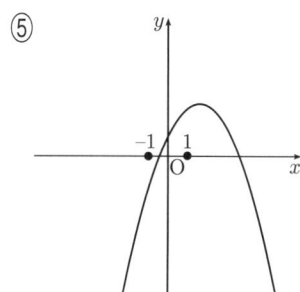
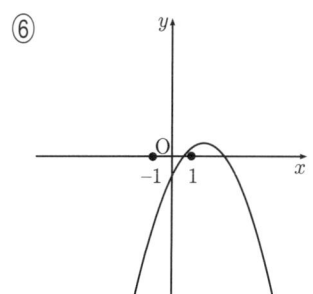
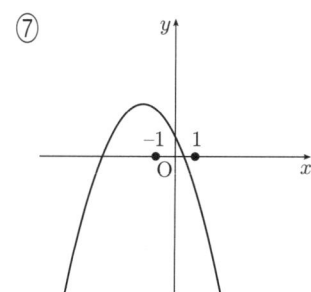
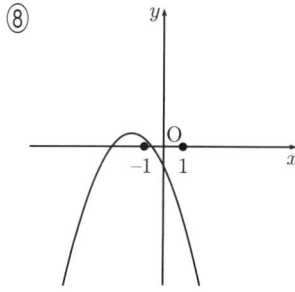

問 2 事象 A, B およびそれらの余事象 $\overline{A}$, $\overline{B}$ に関連する確率について，次の 3 つの関係式が成り立っている。

$$P(A) = \frac{7}{12}$$
$$P(B) = \frac{1}{3}$$
$$P(A \cap \overline{B}) + P(\overline{A} \cap B) = \frac{5}{12}$$

(1) $P(\overline{A}) = \dfrac{5}{12}$, $P(\overline{B}) = \dfrac{2}{3}$ である。

(2) $P(A \cap B) = \dfrac{1}{4}$ である。

(3) 事象 A が起こったときの事象 B が起こる条件付き確率を $P_A(B)$ とすると，

$$P_A(B) = \frac{3}{7}$$
$$P_{\overline{A}}(B) = \frac{1}{5}$$

である。

― 計算欄 (memo) ―

Ⅰ の問題はこれで終わりです。Ⅰ の解答欄 **U** ～ **Z** はマークしないでください。

II

問 1 整数 a に対して，$\dfrac{3}{a-\sqrt{6}}$ の整数部分は 5 である。また，$\dfrac{3}{a-\sqrt{6}}$ の小数部分を b とする。

(1) $a = \boxed{\ \text{A}\ }$，$b = \sqrt{\boxed{\ \text{B}\ }} - \boxed{\ \text{C}\ }$ である。

(2) $b + \dfrac{2}{b} = \boxed{\ \text{D}\ }\sqrt{\boxed{\ \text{E}\ }}$，$b^2 + \dfrac{4}{b^2} = \boxed{\ \text{FG}\ }$ である。

(3) $a^2 - b^2 - 2a - 4b - 3 = \boxed{\ \text{HI}\ }$ である。

− 計算欄 (memo) −

問2　a を定数とする。x についての2次方程式
$$x^2 + ax + a^2 - 2a + 1 = 0 \quad \cdots\cdots\cdots ①$$
を考える。ただし，方程式①は，異なる2つの実数解をもつとする。

(1) a がとりうる値の範囲は，$\dfrac{\boxed{J}}{\boxed{K}} < a < \boxed{L}$ である。

(2) 2つの解の差の平方 $f(a)$ を a を用いて表すと，
$$f(a) = -\boxed{M}a^2 + \boxed{N}a - \boxed{O}$$
これより，$f(a)$ がとりうる値の範囲は，
$$\boxed{P} < f(a) \leqq \dfrac{\boxed{Q}}{\boxed{R}}$$
であり，2つの解の差が整数となるのは
$$f(a) = \boxed{S}$$
のときであるから，そのときの a の値は
$$a = \boxed{T},\ \dfrac{\boxed{U}}{\boxed{V}}$$
である。

― 計算欄 (memo) ―

Ⅱ の問題はこれで終わりです。Ⅱ の解答欄 **W** ～ **Z** はマークしないでください。

III

最大公約数が 15, 最小公倍数が 2700 である 2 つの自然数 a, b の組を考える。ただし, $a < b$ とする。

最大公約数が 15 であるから
$$a = \boxed{AB}\, a'$$
$$b = \boxed{AB}\, b'$$

と表される。ただし, a' と b' は $\boxed{C}$ である自然数で, $a' < b'$ である。

$\boxed{C}$ には, 次の選択肢 ⓪〜② の中から適するものを選びなさい。

⓪ 素数　　　① 互いに素　　　② 15 の約数

このとき, a, b の最小公倍数は $\boxed{DE}\, a'b'$ と表されることから,
$$a'b' = \boxed{FGH}$$

である。したがって, 自然数 a', b' の組は, 全部で $\boxed{I}$ 組ある。

よって, (a, b) の組も $\boxed{I}$ 組ある。このうち, a が 2 番めに小さい値である組は
$$(a, b) = \left(\boxed{JK},\ \boxed{LMN}\right)$$

である。

― 計算欄 (memo) ―

III の問題はこれで終わりです。III の解答欄 **O** ～ **Z** はマークしないでください。

IV

1辺の長さが a の正四面体 OABC がある。

(1) 正四面体の1つの面の面積を S とすると，$S = \dfrac{\sqrt{\boxed{A}}}{\boxed{B}} a^2$

(2) 点 O から平面 ABC に下した垂線の足を H とすると，$OH = \dfrac{\sqrt{\boxed{C}}}{\boxed{D}} a$

(3) 正四面体 OABC の体積を V とすると，$V = \dfrac{\sqrt{\boxed{E}}}{\boxed{FG}} a^3$

(4) 正四面体 OABC に内接する球の半径を r とすると，$V = \dfrac{\boxed{H}}{\boxed{I}} Sr$ が成り立つので，

$r = \dfrac{\sqrt{\boxed{J}}}{\boxed{KL}} a$

(5) 正四面体 OABC に内接する球の表面積を T とすると，$T = \dfrac{\boxed{M}}{\boxed{N}} \pi a^2$

(6) 正四面体 OABC に外接する球の半径を R，中心を I とする。図形の対称性により，正四面体に内接する球の中心と外接する球の中心は一致するので，$R = \dfrac{\sqrt{\boxed{O}}}{\boxed{P}} a$

(7) 正四面体 OABC に外接する球を平面 OAH で切断したときにできる立体のうち，頂点 B を含む立体の表面積を U とすると，

$T : U = \boxed{Q} : \boxed{RS}$

（ただし，$\boxed{Q} : \boxed{RS}$ は最も簡単な整数比で答えなさい。）

― 計算欄（memo）―

IVの問題はこれで終わりです。IVの解答欄 T ～ Z はマークしないでください。

모의고사

제3회

I

問1 a は実数とする。x についての2次不等式
$$ax^2 + 2(a-1)x + 5a - 5 \geqq 0 \quad \cdots\cdots\cdots ①$$
について考える。

(1) $a = \dfrac{1}{2}$ のとき，不等式①の解は
$$x \leqq \boxed{A} - \sqrt{\boxed{B}}, \quad \boxed{C} + \sqrt{\boxed{D}} \leqq x$$
である。

(2) 不等式①がすべての実数 x に対して成り立つとき，定数 a の値の範囲は，
$$\boxed{E} \leqq a$$
である。

(3) 不等式①がただ1つの実数解をもつとき，
$$a = -\dfrac{\boxed{F}}{\boxed{G}}$$
であり，その解は
$$x = \boxed{HI}$$
である。

— 計算欄 (memo) —

問2 0から9までの数字が一つずつ書かれたカードが10枚ある。この中から2枚のカードを同時に取り出すとき，次の問いに答えなさい。

(1) 2枚ともカードに書かれた数が素数となる取り出し方は $\boxed{\text{J}}$ 通りである。

(2) 2枚のカードに書かれた数の和が5の倍数となる取り出し方は $\boxed{\text{K}}$ 通りである。

(3) 2枚のカードに書かれた数の差が3以上になる確率は $\dfrac{\boxed{\text{LM}}}{\boxed{\text{NO}}}$ である。

– 計算欄（memo）–

Ⅰの問題はこれで終わりです。Ⅰの解答欄 **P** ～ **Z** はマークしないでください。

II

問1 次の文は，2つの条件 p, q の関係について述べたものである。文中の　A　～　C　には，下の選択肢 ⓪ ～ ③ の中から適するものを選びなさい。ただし，同じものを繰り返し選んでもよい。

(1) 平面上の異なる3点 A, B, C において，

　　　　条件 p：三角形 ABC は直角三角形である

　　　　条件 q：$AC^2 = AB^2 + BC^2$ が成り立つ

とする。このとき，条件 p は条件 q が成り立つための　A　。

(2) x, y が有理数のとき，

　　　　条件 p：$x^2 + y^2 = 0$ が成り立つ

　　　　条件 q：$x = y = 0$ が成り立つ

とする。このとき，条件 p は条件 q が成り立つための　B　。

(3) x, y, z が整数のとき，

　　　　条件 p：xyz は奇数である

　　　　条件 q：$x + y + z$ は奇数である

とする。このとき，条件 p は条件 q が成り立つための　C　。

⓪ 必要十分条件である
① 必要条件であるが，十分条件ではない
② 十分条件であるが，必要条件ではない
③ 必要条件でも十分条件でもない

- 計算欄 (memo) -

問2　kを定数とし，xの2次方程式 $3x^2-kx+k-2=0$ について考える．

(1) 方程式の1つの解が $x=-2$ のとき，
$$k=-\frac{10}{3}$$
$x=-2$ 以外の解は，$x=\dfrac{8}{9}$
である．

(2) $k=-4$ のとき，方程式の解は
$$x=\frac{-4\pm\sqrt{88}}{6}$$
である．この2解のうち小さい方の数を a とすると，$n\leqq a<n+1$ を満たす整数 n の値は $n=-3$ である．

(3) 方程式が重解をもつのは，
$$k=6\pm 2\sqrt{3}$$
のときであり，そのときの重解を求めると，
$$x=\frac{3\pm\sqrt{3}}{3}$$
である．

― 計算欄（memo）―

II の問題はこれで終わりです。II の解答欄 　V 　～ 　Z 　はマークしないでください。

III

x, y は実数とする。$P = 2x^2 + 3y^2 - 4x + 6y + 1$ について考える。

(1) $x = -2$, $y = 3$ のとき, $P = \boxed{AB}$ である。

(2) P は $x = \boxed{C}$, $y = \boxed{DE}$ のとき, 最小値 $\boxed{FG}$ をとる。

(3) x, y が $4 \leqq x \leqq 7$, $-5 \leqq y \leqq -2$ の範囲内で変化するとき, P の最大値, 最小値はそれぞれ

$$x = \boxed{H}, \quad y = \boxed{IJ} \text{ のとき, 最大値 } \boxed{KLM}$$
$$x = \boxed{N}, \quad y = \boxed{OP} \text{ のとき, 最小値 } \boxed{QR}$$

である。

― 計算欄 (memo) ―

Ⅲ の問題はこれで終わりです。Ⅲ の解答欄 **S** ～ **Z** はマークしないでください。

IV

円に内接する四角形 ABCD において，AB = 5，BC = 3，DA = 2，∠ABC = 60° である。

(1) CD = 3，∠ADC = 120° である。

(2) 四角形 ABCD の面積は $\dfrac{21}{4}\sqrt{3}$ である。

(3) 三角形 BCD の面積は $\dfrac{189}{76}\sqrt{3}$ である。

(4) BD = $\dfrac{21}{19}\sqrt{19}$ である。

― 計算欄（memo）―

IVの問題はこれで終わりです。IVの解答欄 U ～ Z はマークしないでください。

모의고사

제4회

I

問1 k は実数とする。x の2次関数
$$f(x) = x^2 + (2k-1)x - 3k^2 + 9k - 2$$
を考える。

(1) 放物線 $y = f(x)$ の頂点の座標は
$$\left(-\frac{\boxed{A}k - \boxed{B}}{\boxed{C}},\ -\boxed{D}k^2 + \boxed{EF}k - \frac{\boxed{G}}{\boxed{H}} \right)$$
である。

(2) 放物線 $y = f(x)$ が x 軸と異なる2点で交わるのは、k の値が
$$k < \frac{\boxed{I}}{\boxed{J}} \quad \text{または} \quad k > \frac{\boxed{K}}{\boxed{L}}$$
を満たすときである。

(3) 放物線 $y = f(x)$ を x 軸方向に 3、y 軸方向に -2 だけ平行移動すると、放物線の軸が y 軸になった。このとき、k の値は
$$k = \frac{\boxed{M}}{\boxed{N}}$$
である。

— 計算欄 (memo) —

問 2 数直線上を動く点 A について考える。点 A ははじめ原点にあり，コインを投げて表が出たら正の方向に 1 動き，裏が出たら負の方向に 1 動く。

(1) コインを 2 回投げ終えたときに，点 A が座標 0 の位置にある確率は $\dfrac{1}{2}$ である。

(2) コインを 6 回投げるとき，点 A の座標が一度も負の値にならない確率は $\dfrac{5}{16}$ である。

(3) コインを 8 回投げ終えたときに，点 A が座標 2 の位置にある確率は $\dfrac{7}{32}$ である。

— 計算欄 (memo) —

Ⅰ の問題はこれで終わりです。Ⅰ の解答欄 **W** ～ **Z** はマークしないでください。

II

問1 $x = \dfrac{4}{\sqrt{5}-1}$ とする。

(1)
$$x^2 = \boxed{A}\, x + \boxed{B}$$
$$x^3 = \boxed{C}\, x + \boxed{D}$$

が成り立つ。

(2) $x^4 - 2x^3 - 2x^2 - 5x + p = 0$ を満たす p の値は

$$p = \sqrt{\boxed{E}} - \boxed{F}$$

である。

− 計算欄 (memo) −

問2　命題 P を「$x < 1$ ならば $x^2 < 1$」とする。次の文中の　G　～　L　には，下の選択肢 ⓪〜⑦の中から適するものを選びなさい。ただし，同じものを繰り返し選んでもよい。

(1) 命題 P の逆は命題「　G　」であり，その真偽は　H　。

(2) 命題 P の裏は命題「　I　」であり，その真偽は　J　。

(3) 命題 P の対偶は命題「　K　」であり，その真偽は　L　。

⓪　真である
①　偽である
②　$x^2 < 1$ ならば $x < 1$
③　$x^2 > 1$ ならば $x > 1$
④　$x \leqq 1$ ならば $x^2 \leqq 1$
⑤　$x \geqq 1$ ならば $x^2 \geqq 1$
⑥　$x^2 \leqq 1$ ならば $x \leqq 1$
⑦　$x^2 \geqq 1$ ならば $x \geqq 1$

― 計算欄（memo）―

II の問題はこれで終わりです。II の解答欄 **M** ～ **Z** はマークしないでください。

III

x, y, z は整数とする。
$$x \geq y \geq z \geq 6 \quad \cdots\cdots\cdots ①$$
$$\frac{1}{x} + \frac{1}{y} + \frac{1}{z} \geq \frac{4}{9} \quad \cdots\cdots\cdots ②$$

を満たすような (x, y, z) の組がいくつあるかを求めよう。

まず、①から、$\dfrac{1}{x} \leq \dfrac{1}{y} \leq \dfrac{1}{z} \leq \dfrac{1}{\boxed{A}} \quad \cdots\cdots\cdots ③$

(ただし、$\boxed{A}$ には入り得る最大の整数を入れなさい。)

②から、$\dfrac{4}{9} \leq \dfrac{1}{x} + \dfrac{1}{y} + \dfrac{1}{z} \leq \dfrac{\boxed{B}}{z} \quad \cdots\cdots\cdots ④$

(ただし、$\boxed{B}$ には入り得る最小の整数を入れなさい。)

よって、④から、$z = \boxed{C}$

したがって

①から、$x \geq y \geq \boxed{C} \quad \cdots\cdots\cdots ⑤$

②から、$\dfrac{1}{x} + \dfrac{1}{y} \geq \dfrac{\boxed{D}}{\boxed{EF}} \quad \cdots\cdots\cdots ⑥$

また、③、⑥より、$\dfrac{\boxed{D}}{\boxed{EF}} \leq \dfrac{1}{x} + \dfrac{1}{y} \leq \dfrac{\boxed{G}}{y} \quad \cdots\cdots\cdots ⑦$

(ただし、$\boxed{G}$ には入り得る最小の整数を入れなさい。)

よって、⑦から、$y = \boxed{H}$, $\boxed{I}$ (ただし、$\boxed{H} < \boxed{I}$)

$y = \boxed{H}$ のとき、⑥から、$x \leq \boxed{J}$

よって、⑤より、$\boxed{C} \leq x \leq \boxed{J}$

$y = \boxed{I}$ のとき、⑥から、$x \leq \dfrac{\boxed{KLM}}{\boxed{NO}}$

よって、⑤より、$x = \boxed{P}$

これらのことから、①、②を満たすような (x, y, z) の組は全部で $\boxed{Q}$ 個ある。

― 計算欄（memo）―

Ⅲ の問題はこれで終わりです。Ⅲ の解答欄 R ～ Z はマークしないでください。

IV

三角形 ABC において，辺 AB を 2 : 3 に内分する点を D，線分 CD の中点を M，直線 AM と辺 BC の交点を E，直線 BM と辺 AC の交点を F とする。

(1)　BE : EC = $\boxed{5}$: $\boxed{2}$ ，AF : FC = $\boxed{5}$: $\boxed{3}$ である。

(2)　三角形 ADM の面積を S_1，三角形 ECM の面積を S_2 とすると，
$$\frac{S_1}{S_2} = \frac{\boxed{7}}{\boxed{3}}$$
である。

(3)　三角形 ABC の面積が 70 のとき，四角形 DECA の面積は $\boxed{40}$ である。

― 計算欄 (memo) ―

IV の問題はこれで終わりです。IV の解答欄 | I | ～ | Z | はマークしないでください。

모의고사

제5회

I

問1 a を定数とし，x の2次方程式
$$x^2 + 2(a+2)x + 2a + 12 = 0 \qquad \cdots\cdots①$$
を考える。

(1) 方程式①が重解をもつとき，定数 a の値は
$$a = \boxed{AB}, \boxed{C}$$
であり，
$$a = \boxed{AB} \text{ のとき，重解は } x = \boxed{D}$$
$$a = \boxed{C} \text{ のとき，重解は } x = \boxed{EF}$$
である。

(2) 方程式①が異なる2つの実数解をもつのは，
$$a < \boxed{GH},\quad \boxed{I} < a$$
のときであり，さらに方程式の解が1と2の間，2と3の間にそれぞれ1つずつあるとき，定数 a の値の範囲は
$$-\frac{\boxed{JK}}{\boxed{L}} < a < \boxed{MN}$$
である。

- 計算欄 (memo) -

問2　NIHONGOを構成しているアルファベットを並べ替えて文字列をつくる。

(1) 文字列は全部で $\boxed{\text{OPQR}}$ 通りである。

(2) Nが両端にくる文字列は $\boxed{\text{ST}}$ 通りである。

(3) I, H, Gがこの順に並ぶ文字列は $\boxed{\text{UVW}}$ 通りである。

(4) 母音（I, O）と子音（G, H, N）が交互に並ぶ文字列は $\boxed{\text{XY}}$ 通りである。

― 計算欄 (memo) ―

Ⅰ の問題はこれで終わりです。Ⅰ の解答欄 **Z** はマークしないでください。

II

問 1 $x = 3a+1$ のとき，$X = \sqrt{x^2 + 3(1-6a)} + \sqrt{x + a(a-1)}$ を a を用いて表すことを考えよう。

$$X = \left| \boxed{A}\, a - \boxed{B} \right| + \left| a + \boxed{C} \right|$$

であるから

$a < -\boxed{D}$ のとき， $\quad X = -\boxed{E}\, a + \boxed{F}$

$-\boxed{D} \leqq a < \dfrac{\boxed{G}}{\boxed{H}}$ のとき， $X = -\boxed{I}\, a + \boxed{J}$

$\dfrac{\boxed{G}}{\boxed{H}} \leqq a$ のとき， $\quad X = \boxed{K}\, a - \boxed{L}$

- 計算欄 (memo) -

問2 2つの放物線 $C_1: y = 2x^2 - 8x + 5$, $C_2: y = 2x^2 + 4x + 7$ について考える。

(1) 放物線 C_1 の頂点は点 ($\boxed{M}$, $-\boxed{N}$), 放物線 C_2 の頂点は点 ($-\boxed{O}$, $\boxed{P}$) である。

(2) 2つの放物線 C_1, C_2 の交点の座標は
$$\left(-\frac{\boxed{Q}}{\boxed{R}}, \frac{\boxed{STU}}{\boxed{VW}}\right)$$
である。

(3) 放物線 C_1 は放物線 C_2 を x 軸方向に $\boxed{X}$, y 軸方向に $\boxed{YZ}$ だけ平行移動したものである。

− 計算欄（memo）−

Ⅱ の問題はこれで終わりです。

III

$\sqrt{n^2+675}$ が整数となる自然数 n の個数を求める。

次の文中の C ， D には，下の選択肢 ⓪〜② の中から適するものを選び，他の □ には適する数を入れなさい。

$\sqrt{n^2+675} = k$ とおくと，
$$k^2 - n^2 = 675$$
$$(k+n)(k-n) = 3^{\boxed{A}} \times 5^{\boxed{B}}$$

$k+n = a$, $k-n = b$ とおくと，
$$a, b \text{ は } \boxed{C}$$

となり，
$$a+b, a-b \text{ は } \boxed{D}$$

となる。

675 の正の約数は EF 個なので自然数 n の個数は G 個である。

⓪ ともに偶数　　① ともに奇数　　② 片方が偶数，もう一方が奇数

― 計算欄 (memo) ―

Ⅲ の問題はこれで終わりです。Ⅲ の解答欄 H ～ Z はマークしないでください。

IV

AB = 6, BC = 15, CD = 7, DA = 10, AD ∥ BC である四角形 ABCD がある。

(1) 点 A を通り辺 DC に平行な直線が辺 BC と交わる点を E とするとき，
$$BE = \boxed{A}$$
であり，四角形 ABCD の面積は三角形 ABE の面積の $\boxed{B}$ 倍である。

(2) $\cos \angle ABC = \dfrac{\boxed{C}}{\boxed{D}}$ であり，四角形 ABCD の面積を S とすると，
$$S = \boxed{EF}\sqrt{\boxed{G}}$$
である。

(3) 点 A と直線 BC との距離を ℓ とすると，
$$\ell = \dfrac{\boxed{HI}\sqrt{\boxed{J}}}{\boxed{K}}$$
である。

― 計算欄 (memo) ―

IVの問題はこれで終わりです。IVの解答欄 L ～ Z はマークしないでください。

모의고사

제6회

I

問1 a は実数とする。関数 $f(x) = x^2 - 4ax + 2a^2 - 3a - 1$ の最小値 m を考える。

(1) 方程式 $f(x) = 0$ が異なる 2 つの実数解をもつ条件は
$$a < -\boxed{1}, \quad -\frac{\boxed{1}}{\boxed{2}} < a$$
である。

(2) $m = -\boxed{2}a^2 - \boxed{3}a - \boxed{1}$ である。

(3) 方程式 $f(x) = 0$ において，異なる 2 つの実数解 $\alpha,\ \beta\ (\alpha < \beta)$ が $\alpha < 1 < \beta$ を満たすとき，$a,\ m$ のとり得る値の範囲は
$$\boxed{0} < a < \frac{\boxed{7}}{\boxed{2}}$$
$$-\boxed{36} < m < -\boxed{1}$$
である。

− 計算欄 (memo) −

問2　1から9までの数が1つずつ書かれた9枚のカードがある。この中から3枚のカードを取り出す。

(1) 3枚のカードがすべて偶数のカードである確率は $\dfrac{M}{NO}$ である。

(2) 3枚のカードのうち，少なくとも1枚には3の倍数が書かれている確率は $\dfrac{PQ}{RS}$ である。

(3) 3枚のカードに書かれた数の最大値が7である確率は $\dfrac{T}{UV}$ である。

― 計算欄（memo）―

Ⅰ の問題はこれで終わりです。Ⅰ の解答欄 **W** ～ **Z** はマークしないでください。

II

問1　大学生100人に好きなテレビ番組についてアンケートを行ったところ，音楽番組が好きな人が80人，旅行番組が好きな人が30人であった。

(1) 音楽番組だけが好きな人が64人のとき，音楽番組と旅行番組のどちらも好きな人は　AB　人であり，どちらも好きではない人は　C　人である。

(2) 音楽番組と旅行番組のどちらも好きな人の人数をx人とすると，xの最大値は　DE　，最小値は　FG　である。

- 計算欄 (memo) -

問 2 a を実数とし，x に関する 2 次関数
$$f(x) = \frac{2}{3}x^2 - 2x + 4$$
$$g(x) = -\frac{1}{3}x^2 - ax + 2a$$
について，次の問いに答えなさい。

(1) すべての実数 x_1，x_2 に対して，$f(x_1) \geqq g(x_2)$ が成り立つような a の値の範囲を求めよう。

$f(x)$ の最小値は $\dfrac{\boxed{H}}{\boxed{I}}$

$g(x)$ の最大値は $\dfrac{\boxed{J}}{\boxed{K}}a^2 + \boxed{L}\,a$

であるから，求める a の値の範囲は

$$\dfrac{-\boxed{M} - \sqrt{\boxed{NO}}}{\boxed{P}} \leqq a \leqq \dfrac{-\boxed{M} + \sqrt{\boxed{NO}}}{\boxed{P}}$$

である。

(2) 次に，$0 \leqq x \leqq 3$ の範囲で，すべての x に対して $f(x) \geqq g(x)$ が成り立つような a の値の範囲を求めよう。

$f(x) \geqq g(x)$ から，$a(x-2) \geqq -x^2 + 2x - 4$ が得られる。
$$h_1(x) = a(x-2), \quad h_2(x) = -x^2 + 2x - 4$$
とおくと，$0 \leqq x \leqq 3$ において，$y = h_1(x)$ のグラフが $y = h_2(x)$ のグラフの上側にあるような a の値の範囲を求めればよい。

$y = h_1(x)$ と $y = h_2(x)$ のグラフは
$$a = -\boxed{Q},\ \boxed{R}$$
のとき，接し，$a = -\boxed{Q}$ のとき，接点は $0 \leqq x \leqq 3$ の範囲になく，$a = \boxed{R}$ のとき，接点は $0 \leqq x \leqq 3$ の範囲にある。このことに注意すると，求める a の値の範囲は
$$-\boxed{S} \leqq a \leqq \boxed{T}$$
である。

― 計算欄 (memo) ―

Ⅱ の問題はこれで終わりです。Ⅱ の解答欄 U ～ Z はマークしないでください。

III

a, b, c を実数とする。

$$a+b+c=2$$
$$a^2+b^2+c^2=5$$
$$\frac{1}{a}+\frac{1}{b}+\frac{1}{c}=1$$

を満たす。このとき,

(1) $a^2+b^2+c^2=(a+b+c)^2-\boxed{A}(ab+bc+ca)$ より,

$$ab+bc+ca=-\frac{\boxed{B}}{\boxed{C}}$$

$$abc=-\frac{\boxed{D}}{\boxed{E}}$$

(2) $a^3+b^3+c^3-\boxed{F}abc=(a+b+c)(a^2+b^2+c^2-ab-bc-ca)$ を利用すると,

$$a^3+b^3+c^3=\frac{\boxed{GH}}{\boxed{I}}$$

である。

― 計算欄（memo）―

III の問題はこれで終わりです。III の解答欄 J ～ Z はマークしないでください。

IV

3辺の長さが AB = 10, BC = 8, AC = 14 である三角形 ABC がある。辺 AB 上に点 P を，辺 AC 上に点 Q をとり，線分 PQ を折り目として三角形 ABC を折ったとき，頂点 A が辺 BC の中点 M にちょうど重なったとする。

(1) $\cos C = \dfrac{\boxed{A}}{\boxed{B}}$ である。

(2) AQ $= x$ とする。三角形 QMC に余弦定理を使うと，
$$QM^2 = CQ^2 + CM^2 - 2 \cdot CQ \cdot CM \cos C$$
より，
$$\cos C = \dfrac{\boxed{CD} - \boxed{E}x}{\boxed{FG} - \boxed{H}x}$$
であり，
$$x = \dfrac{\boxed{IJ}}{\boxed{KL}}$$
である。

(3) 三角形 ABC の面積を S とすると，
$$S = \boxed{MN}\sqrt{\boxed{O}}$$
である。

三角形 AMB の面積を S_1，三角形 AMQ の面積を S_2 とすると，
$$S_1 : S_2 = \boxed{PQ} : \boxed{RS}$$
である。ただし，$\boxed{PQ}$: $\boxed{RS}$ は，最も簡単な整数比とする。

− 計算欄（memo）−

IV の問題はこれで終わりです。IV の解答欄 T ～ Z はマークしないでください。

모의고사

제 7 회

I

問1 a を定数とし，2次関数 $f(x) = x^2 - 2x - a^2 + 2a$ とする。

(1) 放物線 $y = f(x)$ の頂点の座標は，
$$\left(\boxed{A}, -a^2 + \boxed{B}a - \boxed{C} \right)$$
である。

(2) 放物線 $y = f(x)$ が x 軸と点 $(3, 0)$ で交わるとき
$$a = -\boxed{D} \quad \text{または} \quad a = \boxed{E}$$
である。

さらにこのとき，直線 $y = x$ と放物線 $y = f(x)$ で囲まれた部分の内部および周上にある，x 座標，y 座標がともに正の整数である点は $\boxed{F}$ 個ある。

- 計算欄 (memo) -

問 2　赤，青，緑，黄の 4 色のカードが 3 枚ずつ計 12 枚ある。各色のカードには，それぞれ 1, 2, 3 の数字が 1 つずつ書いてある。この中から，3 枚のカードを同時に取り出す。

(1)　3 枚のカードの色がすべて同じ色である確率は $\dfrac{1}{55}$ である。

(2)　3 枚のカードの数字がすべて異なる確率は $\dfrac{16}{55}$ である。

(3)　3 枚のカードの色も数字も異なる確率は $\dfrac{6}{55}$ である。

(4)　2 枚のカードだけ色が同じ確率は $\dfrac{27}{55}$ である。

― 計算欄（memo）―

Ⅰ の問題はこれで終わりです。Ⅰ の解答欄 **U** ～ **Z** はマークしないでください。

II

問1 次の文中の A ～ E には，下の選択肢 ⓪～③ の中から適するものを一つずつ選びなさい。ただし，a, b は実数とする。

(1) $a = b$ は $a \leqq b$ であるための A 。

(2) $a < b$ は $a^2 < b^2$ であるための B 。

(3) $a < b$ は $a^3 < b^3$ であるための C 。

(4) $a^2 + b^2 < 4$ は $-2 < a < 2$ であるための D 。

(5) $-2 < a < 2$ かつ $-2 < b < 2$ は $a^2 + b^2 < 4$ であるための E 。

⓪ 必要十分条件である
① 必要条件であるが，十分条件ではない
② 十分条件であるが，必要条件ではない
③ 必要条件でも十分条件でもない

— 計算欄 (memo) —

問 2 直角三角形 ABC の 3 辺の長さを AB = 9, BC = 12, CA = 15 とする。辺 AB, BC, CA 上にそれぞれ点 D, E, F を AD : BE : CF = 1 : 4 : 5 となるようにとる。三角形 DEF の面積が 10 となるときの AD の長さを求めよう。

AD = x とおく。3 辺の長さと線分 AD, BE, CF の比から，x の範囲は
$$0 < x < \boxed{3}$$
である。

三角形 ADF において，辺 AD を底辺としたときの高さ h_1 は
$$h_1 = \boxed{4}\left(\boxed{3} - x\right)$$
である。

また，三角形 CEF において，辺 CE を底辺としたときの高さ h_2 は
$$h_2 = \boxed{3}\,x$$
である。

よって，三角形 DEF の面積を S とおくと，
$$S = \boxed{10}\,x^2 - \boxed{42}\,x + \boxed{54}$$
である。

$S = 10$ であるから，$x = \boxed{2},\ \dfrac{\boxed{11}}{\boxed{5}}$。これはどちらも $0 < x < \boxed{3}$ を満たす。

よって，AD の長さは
$$\boxed{2} \quad \text{または} \quad \dfrac{\boxed{11}}{\boxed{5}}$$
である。

― 計算欄 (memo) ―

Ⅱの問題はこれで終わりです。Ⅱの解答欄 T ～ Z はマークしないでください。

III

6で割ると1余り，11で割ると5余るような自然数 a を求めよう。

求める自然数 a は，x, y を整数として，

$$a = \boxed{6}\,x + \boxed{1} \quad \cdots\cdots\cdots ①$$
$$a = \boxed{11}\,y + \boxed{5} \quad \cdots\cdots\cdots ②$$

と表すことができる。①，②から

$$\boxed{6}\,x - \boxed{11}\,y = \boxed{4} \quad \cdots\cdots\cdots ③$$

を得る。$x = \boxed{8}$, $y = \boxed{4}$ は③を満たすから，

$$\boxed{6}\,(x - \boxed{8}) = \boxed{11}\,(y - \boxed{4})$$

と変形できる。これより，k を整数として，

$$x = \boxed{11}\,k + \boxed{8}$$

と表される。ゆえに，

$$a = \boxed{66}\,k + \boxed{49}$$

さらに，3桁で最小となる自然数 a は

$$a = \boxed{115}$$

である。

― 計算欄 (memo) ―

Ⅲ の問題はこれで終わりです。Ⅲ の解答欄 S ～ Z はマークしないでください。

IV

四角形 ABCD は辺 AB を直径とする円に内接している。AB = 10，BC = 6 であり，対角線 AC，BD の交点を点 E とすると，AE : EC = 3 : 1 である。

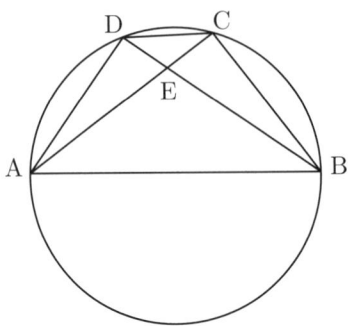

(1) ∠ACB = $\boxed{AB}$ ° である。また，

$$AC = \boxed{C}$$
$$BE = \boxed{D}\sqrt{\boxed{EF}}$$

である。

(2) 方べきの定理より，

$$ED \times EB = EA \times EC$$
$$DE = \frac{\boxed{G}\sqrt{\boxed{HI}}}{\boxed{J}}$$
$$BE : DE = \boxed{KL} : \boxed{M}$$

である。ただし，比は最も簡単な整数比で表しなさい。

(3) 三角形 EBC の面積は $\boxed{N}$ であり，

$$四角形 ABCD の面積は \frac{\boxed{OPQ}}{\boxed{R}}$$

である。

― 計算欄 (memo) ―

Ⅳ の問題はこれで終わりです。Ⅳ の解答欄 **S** ～ **Z** はマークしないでください。

모의고사

제8회

I

問 1 2次関数 $y = x^2 - 4x + 5$ のグラフを放物線 C とする。

(1) 放物線 C を

$$x \text{ 軸方向に } \boxed{AB},$$
$$y \text{ 軸方向に } \boxed{CD}$$

だけ平行移動した放物線 C' の方程式は

$$y = x^2 + 2x - 2$$

である。

(2) 放物線 C' を原点に関して対称移動した放物線 C'' の頂点の座標は $\left(\boxed{E}, \boxed{F} \right)$ である。

(3) 放物線 C, C', C'' の頂点を三角形の頂点とする三角形の面積は $\boxed{G}$ である。

— 計算欄 (memo) —

問2　A，B，Cの3人がじゃんけんをする。負けた人は次のじゃんけんに参加できないものとして，勝者が1人に決まるまで続ける。ただし，あいこの場合も1回と数えるとする。

(1) 1回目でAが勝者に決まり，じゃんけんが終了する確率は $\dfrac{H}{I}$ である。

(2) 1回目でじゃんけんが終了しない確率は $\dfrac{J}{K}$ である。

(3) 1回目にA，Bの2人が勝ち残り，2回目でAが勝者となり，じゃんけんが終了する確率は $\dfrac{L}{MN}$ である。

― 計算欄 (memo) ―

I の問題はこれで終わりです。I の解答欄 **O** ～ **Z** はマークしないでください。

II

問1 $\dfrac{1}{\sqrt{5}-2}$ の整数部分を a，小数部分を b とすると，

(1) $a = \boxed{\ \text{A}\ }$，$b = \sqrt{5} - \boxed{\ \text{B}\ }$ である。

(2) $b + \dfrac{1}{b} = \boxed{\ \text{C}\ }\sqrt{\boxed{\ \text{D}\ }}$ より，

$$b^2 + \dfrac{1}{b^2} = \boxed{\ \text{EF}\ }$$

したがって，

$$a^2 - \left(b^2 + \dfrac{1}{b^2}\right) = \boxed{\ \text{GH}\ }$$

である。

− 計算欄 (memo) −

問2 r は正の定数とし，実数 x に関する2つの条件 p, q を考える。

$$p: -3x - 8 < x + 4 < -2x + 7$$

$$q: |x| < r$$

(1) q が p の必要条件になるための r の範囲は
$$r \geq \boxed{3}$$
である。

(2) q が p の十分条件になるための r の範囲は
$$\boxed{0} < r \leq \boxed{1}$$
である。

― 計算欄（memo）―

Ⅱ の問題はこれで終わりです。Ⅱ の解答欄 **L** ～ **Z** はマークしないでください。

III

15をたしても，16をひいても平方数になるような自然数 n を求めよう。

k, ℓ を自然数とすると，

$$n + 15 = k^2$$
$$n - 16 = \ell^2$$

と表され，$k+\ell$ と $k-\ell$ の積は $\boxed{AB}$ である。

$k + \ell > k - \ell$ より，

$$k = \boxed{CD}, \quad \ell = \boxed{EF}$$

である。よって，

$$n = \boxed{GHI}$$

である。

― 計算欄（memo）―

III の問題はこれで終わりです。III の解答欄 J ～ Z はマークしないでください。

IV

三角形 ABC は，面積が $\dfrac{240}{7}$ であり，BC = 16, $\tan\dfrac{B}{2} = \dfrac{1}{3}$, $\tan\dfrac{C}{2} = \dfrac{1}{5}$ を満たす。

(1) 三角形 ABC の内接円の半径を r とすると，$r = \boxed{\text{A}}$ である。

(2) AB = $\dfrac{\boxed{\text{BC}}}{\boxed{\text{D}}}$, AC = $\dfrac{\boxed{\text{EF}}}{\boxed{\text{G}}}$ である。

(3) $\cos B = \dfrac{\boxed{\text{H}}}{\boxed{\text{I}}}$ であり，三角形 ABC の外接円の半径を R とすると，$R = \dfrac{\boxed{\text{JK}}}{\boxed{\text{L}}}$ である。

― 計算欄 (memo) ―

IV の問題はこれで終わりです。IV の解答欄 **M** ～ **Z** はマークしないでください。

모의고사

제9회

I

問 1 m を定数とする。関数 $f(x) = -x^2 + 2mx - m - 6$ を考える。

次の文中の $\boxed{A}$ ～ $\boxed{C}$ には，それぞれの下の選択肢 ⓪～③の中から適するものを選びなさい。

(1) 放物線 $y = f(x)$ の頂点の座標は $\boxed{A}$ である。

⓪ $(-m, -m^2 - m - 6)$ ① $(m, -m^2 - m - 6)$
② $(-m, m^2 - m - 6)$ ③ $(m, m^2 - m - 6)$

(2) 放物線 $y = f(x)$ が x 軸と異なる 2 点で交わるとき，m の値の範囲は $\boxed{B}$ である。

⓪ $m < -2,\ 3 < m$ ① $m < -3,\ 2 < m$
② $-2 < m < 3$ ③ $-3 < m < 2$

(3) 放物線 $y = f(x)$ が x 軸の正の部分と異なる 2 点で交わるとき，m の値の範囲は $\boxed{C}$ である。

⓪ $-6 < m < -2$ ① $m > 3$
② $-6 < m < 3$ ③ $-2 < m < 3$

– 計算欄 (memo) –

問2 10本のくじがあり，そのうち2本が当たりくじである。Aさん，Bさん，Cさんの順にこのくじを1本ずつ引く。ただし，引いたくじは元に戻さない。

(1) Cさんが当たる確率は $\dfrac{D}{E}$ である。

(2) 3人とも当たらない確率は $\dfrac{F}{GH}$ である。

(3) 少なくとも1人が当たる確率は $\dfrac{I}{JK}$ である。

― 計算欄 (memo) ―

Ⅰ の問題はこれで終わりです。Ⅰ の解答欄 **L** ～ **Z** はマークしないでください。

II

問 1 a, b, c は正の整数で，次の 3 つの条件を満たす．

$$(\text{i}) \quad a+b+c = 8$$
$$(\text{ii}) \quad ab+bc+ca = 19$$
$$(\text{iii}) \quad abc = 12$$

(1) $a^2+b^2+c^2 = \boxed{\text{AB}}$ である．

(2) $(a+b)(b+c)(c+a) = \boxed{\text{CDE}}$ である．

(3) $a<b<c$ とするとき，

$$a = \boxed{\text{F}}, \quad b = \boxed{\text{G}}, \quad c = \boxed{\text{H}}$$

である．

— 計算欄 (memo) —

問 2 右図のように，原点を O とする xy 平面上に 2 つの放物線 $C_1: y = \dfrac{1}{3}x^2$ と $C_2: y = -x^2 + 6$ がある。この 2 つの放物線に囲まれた部分の中に長方形 ABCD がある。点 A，D は放物線 C_1 上に，点 B，C は放物線 C_2 上にある。ただし，点 A の x 座標は，点 D の x 座標より大きく，辺 AD は x 軸と平行であるものとする。

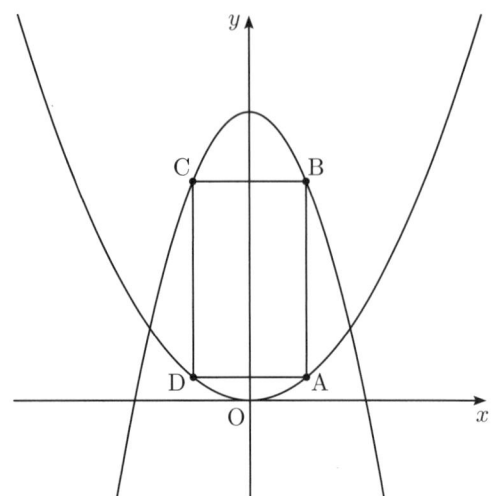

(1) AB = AD であるときの点 A の x 座標を求めよう。

点 A の x 座標を a とおくと

$$\mathrm{AD} = \boxed{2}\,a, \quad \mathrm{AB} = \boxed{6} - \dfrac{\boxed{4}}{\boxed{3}}a^2$$

と表される。

また，aのとり得る値の範囲は

$$0 < a < \dfrac{\boxed{3}\sqrt{\boxed{2}}}{\boxed{2}}$$

であるから，点 A の x 座標は $\dfrac{\boxed{3}}{\boxed{2}}$ である。

(2) 長方形の周の長さの最大値は $\dfrac{\boxed{27}}{\boxed{2}}$ である。また，そのときの a の値は $\dfrac{\boxed{3}}{\boxed{4}}$ である。

– 計算欄（memo）–

Ⅱ の問題はこれで終わりです。Ⅱ の解答欄 **W** ～ **Z** はマークしないでください。

III

次の各問いに答えなさい。

(1) 12 の倍数で，正の約数が 15 個である自然数 n は，
$$n = 2^{\boxed{A}} \times 3^{\boxed{B}} = \boxed{CDE}$$

または
$$n = 2^{\boxed{F}} \times 3^{\boxed{G}} = \boxed{HIJ}$$

である。ただし，$\boxed{A} < \boxed{F}$ となるように答えなさい。

(2) 4 つの数字 0, 1, 2, 3 を用いて表される自然数を，次のように小さい方から順に並べる。

$$1, 2, 3, 10, 11, 12, 13, 20, 21, 22, \ldots$$

このとき，

300 は $\boxed{KL}$ 番目の数，

300 番目の数は $\boxed{MNOPQ}$

である。

− 計算欄（memo）−

III の問題はこれで終わりです。III の解答欄 R ～ Z はマークしないでください。

IV

下図の直方体において，AB = 6, AD = 4, AE = 2 とし，∠DEB = θ とする。

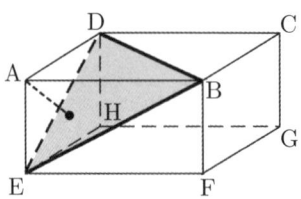

(1)
$$BD = \boxed{A}\sqrt{\boxed{BC}},$$
$$DE = \boxed{D}\sqrt{\boxed{E}},$$
$$EB = \boxed{F}\sqrt{\boxed{GH}}$$

である。

(2) $\cos\theta = \dfrac{\sqrt{\boxed{I}}}{\boxed{JK}}$ である。

(3) 三角形 BDE の面積を S とすると，
$$S = \boxed{LM}$$
である。

(4) 点 A から三角形 BDE に下ろした垂線の長さを h とすると，
$$h = \dfrac{\boxed{NO}}{\boxed{P}}$$
である。

(5) 三角錐 AEBD に内接する球の半径を r とすると，
$$r = \dfrac{\boxed{Q}}{\boxed{R}}$$
である。

― 計算欄 (memo) ―

IVの問題はこれで終わりです。IVの解答欄 S 〜 Z はマークしないでください。

모의고사

제10회

I

問1 a は定数とする。x の2次関数
$$f(x) = -x^2 + 4ax + 2a^2 + 6 \quad (0 \leqq x \leqq 2)$$
の最大値 M を考える。

(1) 放物線 $y = f(x)$ の頂点の座標は，$\left(\boxed{A} a, \boxed{B} a^2 + \boxed{C} \right)$ である。

(2) 次の3つの場合に分けて，M を求めると

  (i) $a < 0$ のとき，$M = \boxed{D} a^2 + \boxed{E}$

  (ii) $0 \leqq a \leqq 1$ のとき，$M = \boxed{F} a^2 + \boxed{G}$

  (iii) $a > 1$ のとき，$M = \boxed{H} a^2 + \boxed{I} a + \boxed{J}$

である。

(3) $M = 26$ となるような a を求めると，
$$a = \boxed{K}, -\sqrt{\boxed{LM}}$$
である。

— 計算欄 (memo) —

問 2 1つのさいころを3回投げる。k回目に出た目を x_k ($k=1, 2, 3$) とする。

(1) $x_1 + x_2 + x_3$ が奇数となる確率は $\dfrac{\boxed{N}}{\boxed{O}}$ である。

(2) $x_1 < x_2 < x_3$ となる確率は $\dfrac{\boxed{P}}{\boxed{QR}}$ である。

(3) $x_1 \leqq x_2 \leqq x_3$ となる確率は $\dfrac{\boxed{S}}{\boxed{TU}}$ である。

― 計算欄 (memo) ―

Ⅰ の問題はこれで終わりです。Ⅰ の解答欄 **V** ～ **Z** はマークしないでください。

II

問1 a は実数の定数とする。x についての 2 つの不等式

$$|2x - 3| < 2 \quad \cdots\cdots\cdots ①$$
$$|ax - 5| < a \quad \cdots\cdots\cdots ②$$

(1) 不等式①を満たす x の値の範囲は

$$\frac{\boxed{A}}{\boxed{B}} < x < \frac{\boxed{C}}{\boxed{D}}$$

である。

(2) 不等式②を満たす x の値の範囲は

$a > \boxed{E}$ のとき，$\dfrac{\boxed{F} - a}{a} < x < \dfrac{\boxed{G} + a}{a}$

$a \leqq \boxed{E}$ のとき，解なし

である。

(3) 不等式①，②を同時に満たす実数 x が存在するような a の条件を考える。

$$\dfrac{\boxed{C}}{\boxed{D}} - \dfrac{\boxed{A}}{\boxed{B}} = \boxed{H}$$

$$\dfrac{\boxed{G} + a}{a} - \dfrac{\boxed{F} - a}{a} = \boxed{I}$$

であることに注意すると，求める a の値の範囲は

$$a > \dfrac{\boxed{JK}}{\boxed{L}}$$

である。

- 計算欄 (memo) -

問 2　a を実数とし，x に関する 2 次関数

$$f(x) = -2ax^2 + 4ax + a - 2$$
$$g(x) = (2-a)x^2 - 2ax - 1$$

について，次の問いに答えなさい。

(1) 放物線 $y = f(x)$ と $y = g(x)$ が異なる 2 点で交わるとき，実数 a のとり得る値の範囲は

$$a < -\frac{\boxed{M}}{\boxed{N}}, \quad \frac{\boxed{O}}{\boxed{P}} < a$$

である。

(2) 放物線 $y = f(x)$ の頂点が放物線 $y = g(x)$ 上にあるとき，

$$a = \frac{\boxed{Q}}{\boxed{R}}$$

である。

(3) 放物線 $y = f(x)$ と放物線 $y = g(x)$ が平行移動によって重なるのは

$$a = \boxed{ST}$$

のときである。

このとき，放物線 $y = g(x)$ は放物線 $y = f(x)$ を

$$x \text{ 軸方向に } -\frac{\boxed{U}}{\boxed{V}}, \quad y \text{ 軸方向に } \boxed{W}$$

だけ平行移動したものになっている。

― 計算欄 (memo) ―

Ⅱ の問題はこれで終わりです。Ⅱ の解答欄 **X** ～ **Z** はマークしないでください。

III

77をaで割ると5余り，163をaで割ると7余るような自然数aを求めよう。

77をaで割ったときの商をqとすると，余りが5であるから，
$$aq = \boxed{AB}$$

163をaで割ったときの商をq'とすると，余りが7であるから，
$$aq' = \boxed{CDE}$$

q, q'は正の整数であるから，aは$\boxed{AB}$と$\boxed{CDE}$の公約数となる。

$\boxed{AB}$と$\boxed{CDE}$の公約数は，小さい順に，
$$\boxed{F}, \boxed{G}, \boxed{H}, \boxed{I}, \boxed{J}, \boxed{KL}$$

であるが，aは7よりも大きいから，
$$a = \boxed{KL}$$

である。

― 計算欄 (memo) ―

Ⅲ の問題はこれで終わりです。Ⅲ の解答欄　**M**　～　**Z**　はマークしないでください。

IV

1辺の長さが 6 の立方体 ABCD–EFGH を平面 BDG で切断し，四面体 BCDG を取り除いた立体について考える。

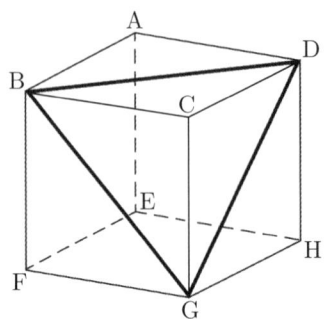

(1) 次の文中の　A　には，下の選択肢 ⓪ ～ ③ の中から適するものを選びなさい。
辺 AE，辺 BD の両方とねじれの位置にある線分は，　A　である。

⓪　EF と EH　　　　①　BG と DG
②　FG と GH　　　　③　BF と DH

(2) 対角線 BH と面 EFGH のなす角を α とするとき，
$$\tan\alpha = \frac{\sqrt{\boxed{B}}}{\boxed{C}}$$
である。

(3) BD の中点を M とすると，
$$MA = \boxed{D}\sqrt{\boxed{E}}, \quad MG = \boxed{F}\sqrt{\boxed{G}}, \quad AG = \boxed{H}\sqrt{\boxed{I}}$$
であるから，面 BGD と面 BAD のなす角を β （ただし，$0° \leqq \beta \leqq 90°$）とするとき，
$$\cos\beta = \frac{\sqrt{\boxed{J}}}{\boxed{K}}$$
である。

— 計算欄（memo）—

IV の問題はこれで終わりです。IV の解答欄 L ～ Z はマークしないでください。

정 답

간략 해설·해답 방침

제 1 회 정 답

問		解答番号	正解
I	問1	A	2
		B	5
		C	6
		D	5
		E	4
		F	1
		G	4
		HI	−6
		J	4
		KL	13
		MN	17
		OP	−8
	問2	Q	4
		RS	60
		TU	52
		VWX	495
		YZ	15

問		解答番号	正解
II	問1	A	3
		B	3
		C	4
		D	1
		E	3
		F	3
		G	5
		H	3
		IJ	−4
	問2	K	2
		L	3
		M	4
		N	3
		O	4
		P	2
		Q	3

問	解答番号	正解
III	A	3
	B	5
	C	2
	D	4
	E	1
	FG	−4
	H	2
	I	2
	J	3
	KL	−1
	M	5
	N	1
	O	2
	P	1
	Q	2
	R	1
	S	0

問	解答番号	正解
IV	A	5
	B	7
	C	6
	D	6
	E	2
	F	3
	G	6
	H	7
	I	5
	J	7
	K	2
	LMN	105
	O	2

제 2 회 정 답

問		解答番号	正解
I	問1	A	⓪
		B	②
		C	②
		D	②
		E	⓪
		F	②
		G	⓪
		H	①
		I	⑥
	問2	J	5
		KL	12
		M	2
		N	3
		O	1
		P	4
		Q	3
		R	7
		S	1
		T	5

問		解答番号	正解
II	問1	A	3
		B	6
		C	2
		D	2
		E	6
		FG	20
		HI	−2
	問2	J	2
		K	3
		L	2
		M	3
		N	8
		O	4
		P	0
		Q	4
		R	3
		S	1
		T	1
		U	5
		V	3

問	解答番号	正解
III	AB	15
	C	①
	DE	15
	FGH	180
	I	4
	JK	60
	LMN	675

問	解答番号	正解
IV	A	3
	B	4
	C	6
	D	3
	E	2
	FG	12
	H	4
	I	3
	J	6
	KL	12
	M	1
	N	6
	O	6
	P	4
	Q	4
	RS	27

제 3 회 정답

問		解答番号	正解
I	問 1	A	1
		B	6
		C	1
		D	6
		E	1
		F	1
		G	4
		HI	−5
	問 2	J	6
		K	9
		LM	28
		NO	45

問		解答番号	正解
II	問 1	A	①
		B	⓪
		C	②
	問 2	DE	10
		F	3
		G	8
		H	9
		IJ	−2
		KL	22
		M	3
		NO	−3
		P	6
		Q	2
		R	3
		S	3
		T	3
		U	3

問	解答番号	正解
III	AB	62
	C	1
	DE	−1
	FG	−4
	H	7
	IJ	−5
	KLM	116
	N	4
	OP	−2
	QR	17

問	解答番号	正解
IV	A	3
	BCD	120
	EF	21
	G	4
	H	3
	IJK	189
	LM	76
	N	3
	OP	21
	QR	19
	ST	19

제 4 회 정 답

問		解答番号	正解
I	問1	A	2
		B	1
		C	2
		D	4
		EF	10
		G	9
		H	4
		I	1
		J	4
		K	9
		L	4
		M	7
		N	2
	問2	O	1
		P	2
		Q	5
		RS	16
		T	7
		UV	32

問		解答番号	正解
II	問1	A	2
		B	4
		C	8
		D	8
		E	5
		F	7
	問2	G	②
		H	⓪
		I	⑤
		J	⓪
		K	⑦
		L	①

問	解答番号	正解
III	A	6
	B	3
	C	6
	D	5
	EF	18
	G	2
	H	6
	I	7
	J	9
	KLM	126
	NO	17
	P	7
	Q	5

問	解答番号	正解
IV	A	5
	B	2
	C	5
	D	3
	E	7
	F	3
	GH	40

제 5 회 정답

問		解答番号	正解
I	問 1	AB	−4
		C	2
		D	2
		EF	−4
		GH	−4
		I	2
		JK	33
		L	8
		MN	−4
	問 2	OPQR	1260
		ST	60
		UVW	210
		XY	36

問		解答番号	正解
II	問 1	A	3
		B	2
		C	1
		D	1
		E	4
		F	1
		G	2
		H	3
		I	2
		J	3
		K	4
		L	1
	問 2	M	2
		N	3
		O	1
		P	5
		Q	1
		R	6
		STU	115
		VW	18
		X	3
		YZ	−8

問	解答番号	正解
III	A	3
	B	2
	C	①
	D	⓪
	EF	12
	G	6

問	解答番号	正解
IV	A	5
	B	5
	C	1
	D	5
	EF	30
	G	6
	HI	12
	J	6
	K	5

제 6 회 정 답

問		解答番号	正解
I	問1	A	1
		B	1
		C	2
		D	2
		E	3
		F	1
		G	0
		H	7
		I	2
		JK	36
		L	1
	問2	M	1
		NO	21
		PQ	16
		RS	21
		T	5
		UV	28

問		解答番号	正解
II	問1	AB	16
		C	6
		DE	30
		FG	10
	問2	H	5
		I	2
		J	3
		K	4
		L	2
		M	4
		NO	46
		P	3
		Q	6
		R	2
		S	7
		T	2

問	解答番号	正解
III	A	2
	B	1
	C	2
	D	1
	E	2
	F	3
	GH	19
	I	2

問	解答番号	正解
IV	A	5
	B	7
	CD	53
	E	7
	FG	28
	H	2
	IJ	77
	KL	13
	MN	16
	O	6
	PQ	26
	RS	11

제 7 회 정답

問		解答番号	正解
I	問1	A	1
		B	2
		C	1
		D	1
		E	3
	問2	F	6
		G	1
		HI	55
		JK	16
		LM	55
		N	6
		OP	55
		QR	27
		ST	55

問		解答番号	正解
II	問1	A	②
		B	③
		C	⓪
		D	②
		E	①
	問2	F	3
		G	4
		H	3
		I	3
		JK	10
		LM	42
		NO	54
		P	2
		QR	11
		S	5

問	解答番号	正解
III	A	6
	B	1
	CD	11
	E	5
	F	4
	G	8
	H	4
	IJ	11
	K	8
	LM	66
	NO	49
	PQR	115

問	解答番号	正解
IV	AB	90
	C	8
	D	2
	EF	10
	G	3
	HI	10
	J	5
	KL	10
	M	3
	N	6
	OPQ	156
	R	5

제 8 회 정 답

問		解答番号	正解
I	問1	AB	−3
		CD	−4
		E	1
		F	3
		G	5
	問2	H	1
		I	9
		J	2
		K	3
		L	1
		MN	27

問		解答番号	正解
II	問1	A	4
		B	2
		C	2
		D	5
		EF	18
		GH	−2
	問2	I	3
		J	0
		K	1

問	解答番号	正解
III	AB	31
	CD	16
	EF	15
	GHI	241

問	解答番号	正解
IV	A	2
	BC	50
	D	7
	EF	78
	G	7
	H	4
	I	5
	JK	65
	L	7

제 9 회 정 답

問		解答番号	正解
I	問1	A	③
		B	⓪
		C	①
	問2	D	1
		E	5
		F	7
		GH	15
		I	8
		JK	15

問		解答番号	正解
II	問1	AB	26
		CDE	140
		F	1
		G	3
		H	4
	問2	I	2
		J	6
		K	4
		L	3
		M	3
		N	2
		O	2
		P	3
		Q	2
		RS	27
		T	2
		U	3
		V	4

問	解答番号	正解
III	A	2
	B	4
	CDE	324
	F	4
	G	2
	HIJ	144
	KL	48
	MNOPQ	10230

問	解答番号	正解
IV	A	2
	BC	13
	D	2
	E	5
	F	2
	GH	10
	I	2
	JK	10
	LM	14
	NO	12
	P	7
	Q	2
	R	3

제 10 회 정 답

問		解答番号	正解
I	問1	A	2
		B	6
		C	6
		D	2
		E	6
		F	6
		G	6
		H	2
		I	8
		J	2
		K	2
		LM	10
	問2	N	1
		O	2
		P	5
		QR	54
		S	7
		TU	27

問		解答番号	正解
II	問1	A	1
		B	2
		C	5
		D	2
		E	0
		F	5
		G	5
		H	2
		I	2
		JK	10
		L	7
	問2	M	1
		N	2
		O	2
		P	5
		Q	1
		R	2
		ST	−2
		U	3
		V	2
		W	6

問	解答番号	正解
III	AB	72
	CDE	156
	F	1
	G	2
	H	3
	I	4
	J	6
	KL	12

問	解答番号	正解
IV	A	②
	B	2
	C	2
	D	3
	E	2
	F	3
	G	6
	H	6
	I	3
	J	3
	K	3

간략 해설·해답 방침

모의고사 제 1 회

I 問 1

(1) $f(-2) = 1$ より $b = 2a + 5$。

(2) 問題文より最大値, 最小値をとるときの x の値がわかるので, 放物線 $y = f(x)$ の頂点が (i) では区間 $-3 \leq x \leq 3$ の左側に, (ii) では右側にあることがわかる。

(3) $-6 < a < 6$ を満たすとき, 放物線 $y = f(x)$ の頂点は区間 $-3 \leq x \leq 3$ に含まれるから, 頂点で最大値をとる。よって, $a = 4$, $b = 13$。最大値は $x = 2$ のとき 17, 最小値は $x = -3$ のとき -8 をとる。

I 問 2

(1) 正三角形は三角形 AEI, 三角形 BFJ, 三角形 CGK, 三角形 DHL の 4 個。

直角三角形の直角の対辺は円の直径となる。この選び方は 6 通り。さらに, 一つの直径に対して三つめの点の選び方はそれぞれ 10 通り。よって, 直角三角形は $6 \times 10 = 60$ 個。

二等辺三角形については, まず頂点を選び, 次に底角となる 2 点を選ぶという順序で決めるとすると, その選び方は $12 \times 5 = 60$ 通り。ただし, そのうち正三角形 (全部で 4 個) は, 同じものを 3 回重複して数えているから, その分を除き, 二等辺三角形の個数は $60 - 4 \times 2 = 52$ 個。

(2) 12 個の点のうち, どの 4 個の点を結んでも四角形となる。よって, 四角形は ${}_{12}\mathrm{C}_4 = 495$ 個。

長方形は 1 本の対角線で切ると, 二つの合同な直角三角形に分けられる。一つの直角三角形に対し, 分割前の長方形が一つ対応するから, (1) より 60 個。ただし, 同じ長方形を 4 回重複して数えているので, 長方形は $\frac{60}{4} = 15$ 個。

II 問 1

(1) 分母, 分子ともに $\sqrt{2}$ で割り, $x = \dfrac{2\sqrt{3} + 1}{\sqrt{3} + 2}$ としてから有理化すると, $x = 3\sqrt{3} - 4$。$\sqrt{3} = 1.73\cdots$ より, $\dfrac{5}{3} < \sqrt{3} < 2$ であるから, $1 < 3\sqrt{3} - 4 < 2$。よって, $a = 1$, $b = x - a = 3\sqrt{3} - 5$。

(2) $a = 1$, $x = a + b$ に注意して, 式変形すると,
$$ax^2 - bx = x(x - b) = ax = x = 3\sqrt{3} - 4$$
よって, 与式 $ax^2 - bx - \sqrt{3}c - d = 0$ は
$$(3 - c)\sqrt{3} - (d + 4) = 0$$
と整理できる。c, d は整数であるから, これが成り立つのは $3 - c = d + 4 = 0$ のときのみ。

II 問 2

集合 B を定義する不等式 $x^2 - 6x + 8 < 0$ を解くと, $(x - 2)(x - 4) < 0$ より $2 < x < 4$。よって, $B = \{x \mid 2 < x < 4\}$。これをふまえて和集合, 積集合, 補集合の定義に従って, 範囲を考えればよい。

III

(1) 方程式①は $(3x - 5)(y + 2) = 4$ と変形でき, どちらの因数も整数であるから, $(3x - 5, y + 2) = (\pm 1, \pm 4), (\pm 2, \pm 2), (\pm 4, \pm 1)$ (複号同順) の 6 組が考えられる。まず, $3x - 5 = \pm 1, \pm 2, \pm 4$ を解くと, $3x - 5 = -2, 1, 4$ のときのみ x は整数となり, 順に $x = 1, 2, 3$。対応する $y + 2 = -2, 4, 1$ も解いて, $(x, y) = (1, -4), (2, 2), (3, -1)$。

(2) ②を x についての 2 次方程式とみると,
$$3x^2 + 2(y - 2)x + (2y^2 - 5y + 2) = 0$$

と表され,
$$\frac{D}{4} = (y-2)^2 - 3(2y^2 - 5y + 2)$$
$$= -(5y-1)(y-2) \geqq 0$$

より $\frac{2}{5} \leqq y \leqq 2$。$y$ は整数であるから,$y = 1, 2$。これらをそれぞれ②に代入して解くと,$y = 1$ のとき $x = 1$,$y = 2$ のとき $x = 0$ である。

IV

(1) 余弦定理より $\cos B = \frac{5}{7}$ が求められる。$0° < B < 180°$ より $\sin B > 0$ であるから,$\sin B = \sqrt{1 - \cos^2 B} = \frac{2\sqrt{6}}{7}$。二つの辺とその間の角から三角形の面積 S を求める公式を用いると,S の値が求められる。さらに,三角形の面積 S と,3 辺の長さ a,b,c,内接円の半径 r の間には $S = \frac{1}{2}(a+b+c)r$ という関係式が成り立つ。これに既知の値を代入して,$r = \frac{2\sqrt{6}}{3}$。

(2) 一般に三角形 ABC において,∠A の二等分線と辺 BC との交点を D とすると,BD : DC = AB : AC が成り立つ。このことから,$BD = BC \times \frac{7}{12}$ がわかり,最後に三角形 ABD に余弦定理を適用すれば AD を求めることができる。

모의고사 제2회

I 問 1

(1) (i) 放物線が下に凸であるから $a > 0$。放物線の軸 $x = -\frac{b}{2a} > 0$ より $b < 0$。$c = f(0) < 0$。
(ii)〜(iv) 順に $f(1)$,$f(-1)$,$f\left(\frac{1}{3}\right)$ の値の正負から判断できる。
(v) 2 次方程式 $f(x) = 0$ の判別式を D とすると,$b^2 - 4ac = D > 0$

(2) $y = f(x)$ のグラフを y 軸に関して対称移動したグラフは,$y = f(-x) = ax^2 - bx + c$ と表される。これをさらに y 軸方向に $-2c$ だけ平行移動すると,その式は $y = ax^2 - bx - c$ となる。よっ

て,①。同様に考えて,$y = f(x)$ のグラフを x 軸に関して対称移動したあと,y 軸方向に $2c$ だけ平行移動したグラフの式は $y = -ax^2 - bx + c$ であるから,⑥。

I 問 2

(1) (略)
(2)
$$P(A) = P(A \cap B) + P(A \cap \overline{B})$$
$$P(B) = P(A \cap B) + P(\overline{A} \cap B)$$
の両辺を足して,既知の値を代入すると,
$$\frac{11}{12} = 2 \times P(A \cap B) + \frac{5}{12}$$

(3) 条件付き確率の定義より $P_A(B) = \frac{P(A \cap B)}{P(A)}$,$P_{\overline{A}}(B) = \frac{P(\overline{A} \cap B)}{P(\overline{A})}$。これに既知の値を代入する。

II 問 1

(1) $\frac{3}{a - \sqrt{6}}$ の整数部分が 5 であるから,$5 \leqq \frac{3}{a - \sqrt{6}} < 6$。これを変形した $\frac{1}{2} < a - \sqrt{6} \leqq \frac{3}{5}$ を満たす整数 a は $a = 3$。このとき,
$$b = \frac{3}{3 - \sqrt{6}} - 5 = (3 + \sqrt{6}) - 5 = \sqrt{6} - 2$$

(2) $\frac{2}{b} = \frac{2}{\sqrt{6} - 2} = \sqrt{6} + 2$ より,$b + \frac{2}{b} = (\sqrt{6} - 2) + (\sqrt{6} + 2) = 2\sqrt{6}$。
$$与式 = \left(b + \frac{2}{b}\right)^2 - 4 = (2\sqrt{6})^2 - 4 = 20$$

(3) 与式 $= (a-1)^2 - (b+2)^2 = 2^2 - (\sqrt{6})^2 = -2$

II 問 2

(1) 方程式①の判別式を D とすると,
$$D = a^2 - 4 \cdot 1 \cdot (a^2 - 2a + 1)$$
$$= -(3a-2)(a-2) > 0$$

(2) 異なる 2 つの解を $x = \alpha, \beta$ とおくと,解と係数の関係より $\alpha + \beta = -a$,$\alpha\beta = a^2 - 2a + 1$ が成り立つ。よって,2 つの解の差の平方 $f(a)$,す

なわち $|\alpha-\beta|^2$ は

$$f(a) = |\alpha-\beta|^2 = (\alpha+\beta)^2 - 4\alpha\beta$$
$$= (-a)^2 - 4(a^2 - 2a + 1)$$
$$= -3a^2 + 8a - 4$$
$$= -3\left(a - \frac{4}{3}\right)^2 + \frac{4}{3}$$

(1) より $\frac{2}{3} < a < 2$。よって，$0 < f(a) \leq \frac{4}{3}$。2 つの解の差が整数になるとき，その平方 $f(a)$ も正の整数になるから，$f(a) = 1$。すなわち，$-3a^2 + 8a - 4 = 1$ を解いて，$a = 1, \frac{5}{3}$。

III

AB ~ **FGH** （略）

I $a'b' = 180 = 2^2 \times 3^2 \times 5$ である。a' と b' は互いに素であることに留意して，これを 2 つの数に分けると 1 と $2^2 \times 3^2 \times 5$，2^2 と $3^2 \times 5$，3^2 と $2^2 \times 5$，5 と $2^2 \times 3^2$ の 4 通りの組み合わせとなる。（小さいほうの数を a' とすればよい）

JK，**LMN** a' を小さいほうから並べると，$a' = 1, 4, 5, 9$ であるから，求める (a, b) の組は $(a, b) = (15 \times 4, 15 \times 45) = (60, 675)$ である。

IV

(1)（略）

(2) 辺 AB の中点を M とすると，$OM = \frac{\sqrt{3}}{2}a$。点 H は正三角形 ABC の重心であるから，$MH = MC \times \frac{1}{3} = \frac{\sqrt{3}}{6}a$。三角形 OMH は $\angle OHM = 90°$ の直角三角形であるから，$OH^2 = OM^2 - MH^2$ が成り立ち，$OH = \frac{\sqrt{6}}{3}a$。

(3) $V = \frac{1}{3}S \times OH$ に既知の値を代入する。

(4) 正四面体に内接する球の中心を点 J とし，点 J と 4 つの頂点をそれぞれ結ぶと，正四面体は底面積が S，高さが r である三角錐 4 つに分けられる。よって，$V = \frac{1}{3}Sr \times 4$ が成り立つ。これに既知の値を代入する。

(5) $T = 4\pi r^2$ に既知の値を代入する。

(6) 問題文より内接球の中心 J と，外接球の中心 I は一致するから，$IH = JH = r = \frac{\sqrt{6}}{12}a$。これより，$R = OI = OH - IH = \frac{\sqrt{6}}{3}a - \frac{\sqrt{6}}{12}a = \frac{\sqrt{6}}{4}a$。

(7) 題意の立体とは，外接球の半球のことであるから，$U = 4\pi R^2 \div 2 + \pi R^2 = 3\pi R^2$。$R = \frac{\sqrt{6}}{4}a$ を代入すると，$U = \frac{9}{8}\pi a^2$。よって，$T : U = \frac{1}{6}\pi a^2 : \frac{9}{8}\pi a^2 = 4 : 27$。

모의고사 제 3 회

I 問1

(1)（略）

(2) 不等式①の左辺を $f(x)$ とおき，2 次方程式 $f(x) = 0$ の判別式を D とおく。すべての実数 x に対して $f(x) \geq 0$ が成り立つとき，$y = f(x)$ のグラフは x 軸より上（x 軸を含む）にある。ここでは，$y = f(x)$ のグラフは放物線であるから，下に凸（$a > 0$）かつ $D \leq 0$ である。

(3) (2) と同様に考えて，$a < 0$ かつ $D = 0$。

I 問2

(1)（略）

(2)（略）

(3) 取り出した 2 枚のカードを (a, b)（ただし，$a < b$）と表すとすると，題意を満たすのは

$$(0, 3), (0, 4), \ldots, (0, 9),$$
$$(1, 4), \ldots, (1, 9),$$
$$, \ldots,$$
$$(6, 9)$$

の場合で，$7 + 6 + \cdots + 1 = 28$ 通り。よって，求める確率は $\frac{28}{{}_{10}C_2} = \frac{28}{45}$ である。

II 問1

(1) $q \Rightarrow p$ は成り立つが，$p \Rightarrow q$ は成り立たない。

条件 p からは「直角なのは角 C である」とは言い切れないからである。

(2) （略）

(3) $p \Rightarrow q$ は成り立つが，$q \Rightarrow p$ は成り立たない。3 つの整数の積が奇数になるのは，すべての数が奇数のときのみである。よって，条件 p が成り立つとき，x, y, z はすべて奇数であるから，条件 q も成り立つ。一方，$x = y = 2, z = 1$ は条件 q を満たすが，条件 p を満たさない（反例の一つ）。

II 問 2

(1) $x = -2$ を方程式に代入して整理すると，$k = -\frac{10}{3}$。これを方程式に代入して係数を整理すると，方程式は $9x^2 + 10x - 16 = (x+2)(9x-8) = 0$ となる。

(2) $k = -4$ を方程式に代入して，解の公式を用いて解くと，$x = \frac{-2 \pm \sqrt{22}}{3}$。$4 < \sqrt{22} < 5$ より，$-\frac{7}{3} < \frac{-2-\sqrt{22}}{3} < -2$。よって，$n = -3$。

(3) 2 次方程式が重解をもつとき，判別式 D は 0 に等しいから，$k^2 - 12k + 24 = 0$。これを解くと，$k = 6 \pm 2\sqrt{3}$。重解は解の公式より $x = \frac{k}{6}$。よって，$x = \frac{3 \pm \sqrt{3}}{3}$。

III

(1) （略）

(2) $P = 2(x-1)^2 + 3(y+1)^2 - 4$ と変形できる。実数の平方は 0 以上であるから，$(x-1)^2 = (y+1)^2 = 0$ のとき，P は最小値をとる。

(3) P を上記のように変形したあと，第 1 項，第 2 項がそれぞれとり得る値の範囲を考えればよい。

IV

(1) まず，三角形 ABC に余弦定理を適用して $AC = \sqrt{19}$。次に $CD = x$ とおいて，三角形 ACD に余弦定理を適用すると，x の 2 次方程式が得られ，これを解いて $x = 3$。円に内接する四角形の向かい合う角の和は 180° であるから $\angle ADC = 120°$。

(2) 三角形 ABC と三角形 ACD に分け，二つの辺とその間の角から三角形の面積 S を求める公式を用いる。

(3) $\angle BAD = \theta$ とおくと，$\angle BAD + \angle BCD = 180°$ より $\sin \angle BCD = \sin(180° - \theta) = \sin \theta$。よって，$\triangle BAD : \triangle BCD = \frac{1}{2} \cdot 5 \cdot 2 \sin \theta : \frac{1}{2} \cdot 3 \cdot 3 \sin \theta = 10 : 9$ であるから，三角形 BCD の面積は四角形 ABCD の $\frac{9}{19}$ 倍である。

(4) 三角形 BAD と三角形 BCD にそれぞれ余弦定理を適用すると，

$$BD^2 = 5^2 + 2^2 - 2 \cdot 5 \cdot 2 \cos \theta$$
$$BD^2 = 3^2 + 3^2 - 2 \cdot 3 \cdot 3 \cos(180° - \theta)$$

これらを連立させて BD^2 を消去し，$\cos(180° - \theta) = -\cos \theta$ に注意して整理すると，$\cos \theta = \frac{11}{38}$。
（以下，略）

모의고사 제 4 회

I 問 1

(1) （略）

(2) 題意を満たすのは，放物線 $y = f(x)$ の頂点の y 座標 < 0 のときである。

(3) 題意より，放物線 $y = f(x)$ の頂点の x 座標 $= -3$ である。

I 問 2

(1) （略）

(2) （略）

(3) 8 回のうち，表が 5 回，裏が 3 回出たとき，点 A の座標が 2 となる。このような出方は，$_8C_5 = 56$ 通り。（以下，略）

II 問 1

(1) $x = \dfrac{4}{\sqrt{5}-1}$ より $(\sqrt{5}-1)x = 4$。$\sqrt{5}x = x+4$ の両辺を 2 乗して整理すると，$x^2 = 2x + 4$ が得られる。この結果を $x^3 = x^2 \cdot x$ に代入して，同様に整理する。
〈注〉x^2 や x^3 の値を求める問題ではないことに注意しよう。x^2 や x^3 を x の 1 次式で表す（すなわち，次数を下げる）問題である。

(2) (1) と同様に，与式を次数を下げながら整理すると，$(-x+8)+p = 0$ となる。これより，$p = x - 8 = (\sqrt{5}+1) - 8 = \sqrt{5} - 7$ である。

II 問 2

G ~ K （略）

L 命題「$x^2 \geqq 1$ ならば $x \geqq 1$」は成り立たない。$x = -1$ が反例の一つである。

III

A , B （略）

C $\dfrac{4}{9} \leqq \dfrac{3}{z}$ ………④ より $\dfrac{z}{3} \leqq \dfrac{9}{4}$ すなわち $z \leqq \dfrac{27}{4}$。①と合わせて $6 \leqq z \leqq \dfrac{27}{4} = 6 + \dfrac{3}{4}$。$z$ は整数であるから $z = 6$。

D , EF ②に $z = 6$ を代入して，$\dfrac{1}{x} + \dfrac{1}{y} \geqq \dfrac{4}{9} - \dfrac{1}{6} = \dfrac{5}{18}$。

G ~ I （略。z と同様に範囲を絞り込めばよい）

J ~ P (i) $y = 6$ のとき，⑥に代入して，
$$\dfrac{1}{x} \geqq \dfrac{5}{18} - \dfrac{1}{6} = \dfrac{1}{9}$$
よって，$x \leqq 9$。⑤と合わせて $6 \leqq x \leqq 9$ であるから，x は $x = 6, 7, 8, 9$ の 4 通り。）同様に，(ii) $y = 7$ のとき，
$$\dfrac{1}{x} \geqq \dfrac{5}{18} - \dfrac{1}{7} = \dfrac{17}{126}$$
よって，$x \leqq \dfrac{126}{17}$。⑤と合わせて $7 \leqq x \leqq \dfrac{126}{17} = 7 + \dfrac{7}{17}$ であるから，$x = 7$（の 1 通り。）

Q (i) と (ii) より $4 + 1 = 5$ 個。

IV

(1) A , B 三角形 BCD と直線 AE にメネラウスの定理を適用する。
C , D 三角形 ACD と直線 BF にメネラウスの定理を適用する。

(2) 三角形 ABC の面積を S とすると，
$$S_1 = \triangle \text{ACD} \times \dfrac{1}{2}$$
$$= \dfrac{2}{5}S \times \dfrac{1}{2} = \dfrac{1}{5}S$$
$$S_2 = \triangle \text{BCM} \times \dfrac{2}{7}$$
$$= \left(\triangle \text{BCD} \times \dfrac{1}{2}\right) \times \dfrac{2}{7}$$
$$= \dfrac{3}{5}S \times \dfrac{1}{7} = \dfrac{3}{35}S$$

(3) (2) と同様に，$\triangle \text{BED} = \dfrac{3}{7}S$。よって，
$$\text{四角形 DECA} = \triangle \text{ABC} - \triangle \text{BED}$$
$$= S - \dfrac{3}{7}S = \dfrac{4}{7}S$$

모의고사 제 5 회

I 問 1

(1) 方程式①の判別式を D とおくと，
$$\dfrac{D}{4} = (a+2)^2 - (2a+12) = (a+4)(a-2)$$
（以下，略）

(2) 方程式①が異なる 2 つの実数解をもつのは，$D > 0$ のときである。よって，$(a+4)(a-2) > 0$ より $a < -4$，$a > 2$ である。方程式①の左辺を $f(x)$ とおくと，$y = f(x)$ のグラフは下に凸な放物線である。方程式 $f(x) = 0$ の解が 1 と 2 の間，2 と 3 の間にそれぞれ 1 つずつあるとき，「$f(1) > 0$ かつ $f(2) < 0$ かつ $f(3) > 0$」が成り立つ。これを連立不等式として解く。

I 問 2

(1) 異なる 7 つのアルファベットを並べた文字列は 7! 通りあるが，ここでは，N は 2 つ，O も 2 つあるので，その重複を考慮に入れて，2! × 2! で割る。

(2) N 以外の残り 5 つのアルファベットを並べるが，そのうち O は 2 つあるので，(1) と同様に考えて，$\frac{5!}{2!}$ 通り。

(3) たとえば，N<u>I</u>NO<u>H</u><u>G</u>O は題意を満たし，N<u>G</u>NO<u>I</u><u>H</u>O は満たさない。このように，I, H, G の入る位置（この例では左から 2, 5, 6 番め）と 2 つの N，2 つの O の並び方が同じものは 3! = 6 通りずつある。つまり，すべての文字列から見ると，題意を満たすものは（全体の）$\frac{1}{6}$ である。

(4) 母音が 3 つ (I, O, O)，子音が 4 つ (G, H, N, N) あるので，交互に並ぶのは，

子音　母音　子音　母音　子音　母音　子音

の場合のみである。この中での母音の並び方は $\frac{3!}{2!}$ 通り，子音の並び方は $\frac{4!}{2!}$ 通りである。

II 問 1

A〜**C**　X の式に $x = 3a + 1$ を代入し，根号ごとに計算すると，

$x^2 + 3(1 - 6a) = 9a^2 - 12a + 4 = (3a - 2)^2$

$x + a(a - 1) = a^2 + 2a + 1 = (a + 1)^2$

よって，

$$X = \sqrt{x^2 + 3(1 - 6a)} + \sqrt{x + a(a-1)}$$
$$= \sqrt{(3a-2)^2} + \sqrt{(a+1)^2}$$
$$= |3a - 2| + |a + 1|$$

D, **G**, **H**

$$|3a - 2| = \begin{cases} 3a - 2 & (a \geq \frac{2}{3} \text{ のとき}) \\ -3a + 2 & (a < \frac{2}{3} \text{ のとき}) \end{cases}$$

$$|a + 1| = \begin{cases} a + 1 & (a \geq -1 \text{ のとき}) \\ -a - 1 & (a < -1 \text{ のとき}) \end{cases}$$

よって，X の式は $a < -1$ のとき，$-1 \leq a < \frac{2}{3}$ のとき，$a \geq \frac{2}{3}$ のときに分けられる。

E, **F**, **I**〜**L**　(略)

II 問 2

(1) (略)

(2) (略)

(3) 2 つの放物線の頂点を比べればよい。

III

A, **B**　(略)

C〜**G**

$$(k+n)(k-n) = 3^3 \times 5^2 \quad ①$$
$$k + n = a \quad ②$$
$$k - n = b \quad ③$$

より，$ab = 3^3 \times 5^2$。積 ab は素因数 2 をもたないから，a も b も偶数になることはない。つまり，常に a と b はともに奇数であり，$a+b$ と $a-b$ はともに偶数となる。②，③ より，$k = \frac{a+b}{2}$, $n = \frac{a-b}{2}$ であるから，$a > b$ であるような (a, b) の組 1 つに対して，(整数 k, 自然数 n) の組 1 つが対応する。(a, b) の値のとり方は $(1+3) \times (2+1) = 12$ 通りあるが，そのうち半分は $a < b$ となるので，n の個数は $\frac{12}{2} = 6$ 個である。

IV

(1) (略)

(2) 三角形 ABE に余弦定理を適用すると，$\cos \angle ABC = \frac{1}{5}$ が得られ，これより $\sin \angle ABC = \frac{2\sqrt{6}}{5}$。よって，$\triangle ABE = \frac{1}{2} \times 6 \times 5 \times \frac{2\sqrt{6}}{5} = 6\sqrt{6}$。(以下，略)

(3) $\triangle ABE = \frac{1}{2} \times 5 \times \ell = 6\sqrt{6}$ より。

모의고사 제 6 회

I 問1

(1) $f(x) = (x-2a)^2 - 2a^2 - 3a - 1$ と変形できるから，放物線 $y = f(x)$ の頂点は点 $(2a, -2a^2 - 3a - 1)$ であり，この点が x 軸より下にあれば題意を満たす。〈参考〉判別式 $D > 0$ を解いても求められるが，この問では最小値 m を考えるので，頂点の座標はいずれ必要になる。

(2)（略）

(3) 題意を満たすとき，$f(1) < 0$ が成り立つ。これを解いて，$0 < a < \dfrac{7}{2}$。$m = -2a^2 - 3a - 1$ を a の関数とみて，定義域 $0 < a < \dfrac{7}{2}$ に対する値域を求めれば，m の値の範囲が得られる。

I 問2

(1)（略）

(2) 3 枚のカードに 3 の倍数のカード（3，6，9）が 1 枚も含まれない確率は，（残りの 6 枚から取り出すから）$\dfrac{{}_6C_3}{{}_9C_3} = \dfrac{5}{21}$。よって，求める確率は $1 - \dfrac{5}{21} = \dfrac{16}{21}$ である。

(3) 7 以外の 2 枚を 1 から 6 までの中から取り出すから，その確率は $\dfrac{{}_6C_2}{{}_9C_3}$。

II 問1

(1)（略）

(2) ベン図（Venn diagram）を描くとわかりやすい。x が最大になるのは，旅行番組が好きな人が全員，音楽番組も好きな場合であるから，x の最大値は 30 である。仮に，音楽番組が好きな人は旅行番組は好きではなく，旅行番組が好きな人は音楽番組は好きではないとすると，このとき，どちらも好きな人は $x = 0$ 人となる。しかし，この場合，$80 + 30 = 110$ 人となり，全体の人数（100 人）を超えてしまう。よって，両方好きな人は最低でも 10 人いないと数の矛盾が生じる。

II 問2

(1) $\boxed{H}$～$\boxed{L}$（略）
$\boxed{M}$～$\boxed{P}$ 題意を満たすのは
$$f(x) \text{ の最小値} \geqq g(x) \text{ の最大値}$$
が成り立つときである。（以下，略）

(2) $y = h_1(x) = a(x-2)$ のグラフの $0 \leqq x \leqq 3$ の部分を線分 ℓ，$y = h_2(x) = -x^2 + 2x - 4$ のグラフの $0 \leqq x \leqq 3$ の部分（すなわち，放物線の一部）を曲線 C とすると，題意を満たすのは線分 ℓ が曲線 C より上側にあるときである。

$\boxed{Q}$，$\boxed{R}$ 2 つのグラフ $y = h_1(x)$，$y = h_2(x)$ が接するとき，方程式 $h_1(x) = h_2(x)$ は重解をもつ。（以下，略）

$\boxed{S}$，$\boxed{T}$ $a = -6$ のとき，重解は $x = 4$。$a = 2$ のとき，重解は $x = 0$。また，線分 ℓ が曲線 C の右端 $(3, -7)$ を通るとき，$a = -7$ である。線分 ℓ は (i) a の値にかかわらず点 $(2, 0)$ を通る，(ii) $a = -7$ のとき，曲線 C の右端を通る，(iii) $a = 2$ のとき，曲線 C の左端 $(0, -4)$ を通ることに注意して図示すると，求める a の値の範囲は $-7 \leqq a \leqq 2$ である。

III

(1) $\boxed{A}$ を含む式は公式として覚えておくとよい。
$\boxed{B}$，$\boxed{C}$（略）
$\boxed{D}$，$\boxed{E}$ 与えられた条件の第 3 式より，$ab + bc + ca = abc$ である。

(2) $\boxed{F}$ を含む式は公式として覚えておくとよい。
$\boxed{GH}$，$\boxed{I}$（略）

IV

(1)（略）

(2) $QM = QA = x$，$CQ = AC - AQ = 14 - x$，$CM = 4$ を余弦定理を適用した式に代入して，整理する。

(3) **MN**, **O** （略）
PQ, **RS** まず，$S_1 = \frac{1}{2}S$。次に，AQ : AC $= \frac{77}{13} : 14 = 11 : 26$ より，
$$S_2 = \triangle\text{AMC} \times \frac{11}{26} = \frac{1}{2}S \times \frac{11}{26}$$
よって，$S_1 : S_2 = 1 : \frac{11}{26} = 26 : 11$ である。

모의고사 제7회

I 問1

(1) （略）
(2) $f(3) = 0$ を解くと，$a = -1, 3$。このどちらのときも $f(x) = x^2 - 2x - 3$ となる。直線 $y = x$ と放物線 $y = f(x)$ の2つの交点のうち，右にある点は x 座標が3より大きく4より小さいことなどに注意して図示すればよい。

I 問2

すべての取り出し方は $_{12}C_3 = 220$ 通り。

(1) （略）
(2) 1が書かれたカードの色は4通り。2, 3についても同様。よって，求める確率は $\frac{4 \times 4 \times 4}{220}$。
(3) 1が書かれたカードの色，2のカードの色，3のカードの色を順に選ぶ選び方は $_4P_3$ 通り。
(4) まず，色の組み合わせだけを考えると，2枚出す色と1枚出る色の選び方は $_4P_2$ 通り。次に，書かれている数の選び方は $_3C_2 \times _3C_1$ 通り。よって，求める確率は $\frac{_4P_2 \times _3C_2 \times _3C_1}{220}$。

II 問1

(1) $a = b \Rightarrow a \leqq b$ は成り立つ。逆は成り立たない。
(2) $a = -2, b = 1$ は「$a < b \Rightarrow a^2 < b^2$」の反例である。$a = 1, b = -2$ は「$a^2 < b^2 \Rightarrow a < b$」の反例である。
(3) $a^3 - b^3 = (a - b)(a^2 + ab + b^2)$。また，$a^2 + ab + b^2 = (a + \frac{b}{2})^2 + \frac{3}{4}b^2$ は $a = b = 0$ のときを除き，常に正である。よって，$a^3 - b^3$ と $a - b$ は常に同符号の値である。
(4) $a^2 + b^2 < 4 \Rightarrow -2 < a < 2$ は成り立つ。逆は成り立たない（$a = 0, b = 3$ が反例である。）
(5) $a^2 + b^2 < 4 \Rightarrow -2 < a < 2$ かつ $-2 < b < 2$ は成り立つ。逆は成り立たない（$a = b = \frac{3}{2}$ が反例である。）

II 問2

F $AD = x$ とおくと，$BE = 4x$, $CF = 5x$ と表され，$0 < x < 9$, $0 < 4x < 12$, $0 < 5x < 15$ が成り立つ。これらを解いて，$0 < x < 3$。

G ~ **NO** 点Fから辺BCに下ろした垂線の足を点Hとすると，三角形FHCと三角形ABCは相似な三角形であるから，$CF = 5x$ より，$FH = 3x$, $CH = 4x$ である。よって，$h_1 = HB = 12 - 4x = 4(3-x)$, $h_2 = 3x$。次に，$S = \frac{1}{2} \times 9 \times 12 - (\triangle ADF + \triangle CEF + \triangle BED)$ に
$$\triangle ADF = \frac{1}{2} \times AD \times h_1 = \frac{1}{2} \cdot x \cdot 4(3-x),$$
$$\triangle CEF = \frac{1}{2} \times CE \times h_2 = \frac{1}{2}(12 - 4x) \cdot 3x,$$
$$\triangle BED = \frac{1}{2} \times BE \times BD = \frac{1}{2} \cdot 4x(9-x)$$
を代入すると，$S = 10x^2 - 42x + 54$。

P ~ **S** （略）

III

A ~ **E** （略）

F ~ **PQR** ① − ② より $6x - 11y - 4 = 0$。③ $6x - 11y = 4$ を満たす (x, y) の組は無数にあるが，そのうち，x も y も1桁の正の整数であるものは $x = 8, y = 4$。$6(x - 8) = 11(y - 4)$ と，6と11は互いに素であることより $x - 8$ は11の倍数である。よって，任意の整数 k を用いて，$x - 8 = 11k$ と表される。$x = 11k + 8$ を①に代入して，$a = 6(11k + 8) + 1 = 66k + 49$。$k = 1$ としたときの $a = 115$ が3桁で最小となる a である。

IV

(1) (略)

(2) (略)

(3) 三角形 EBC の面積を S とすると, $S = \frac{1}{2} \times 2 \times 6 = 6$。2 つの三角形の高さが等しいとき, それらの面積の比は底辺の長さの比に等しいことと, AE : EC = 3 : 1, BE : ED = 10 : 3 より

$$\triangle EAB = 3S,$$
$$\triangle ECD = \frac{3}{10}S, \quad \triangle EDA = \frac{9}{10}S$$

これらより, 四角形 ABCD の面積は $\frac{26}{5}S$。

모의고사 제 8 회

I 問 1

(1) 放物線 C, C' の頂点をそれぞれ点 P, P' とすると, それらの座標は P(2, 1), P'(−1, −3) である。点 P をどのように平行移動すれば点 P' に重なるかを考えればよい。

(2) (略)

(3) 3 点 (x_1, y_1), (x_2, y_2), (x_3, y_3) を頂点とする三角形の面積 S は
$$S = \frac{1}{2}|(x_1 - x_3)(y_2 - y_3) - (x_2 - x_3)(y_1 - y_3)|$$
で求められる。

I 問 2

(1) 3 人の手の出し方は 3^3 通り。そのうち, 1 回目で A が勝者に決まるのはグーで勝つ, チョキで勝つ, パーで勝つ場合の 3 通りであるから, 求める確率は $\frac{3}{3^3}$。

(2) 1 回目で B が勝者に決まる確率も, 1 回目で C が勝者に決まる確率も, (1) より $\frac{1}{9}$ であるから, 求める確率は $1 - 3 \times \frac{1}{9}$。

(3) (1) と同様に 3 人 (あるいは 2 人) の手の出し方と, 勝つ人の手の出し方を考えると, 求める確率は $\frac{3}{3^3} \times \frac{3}{3^2} = \frac{1}{27}$。

II 問 1

(1) $\frac{1}{\sqrt{5}-2} = \sqrt{5}+2$, $\sqrt{5} = 2.23\cdots$ より, 与式 = $4.23\cdots$。よって, $a = 4$, $b = (\sqrt{5}+2) - 4 = \sqrt{5}-2$。

(2) [C].[D] (略)

[EF] $b^2 + \frac{1}{b^2} = \left(b + \frac{1}{b}\right)^2 - 2 = (2\sqrt{5})^2 - 2 = 18$。

[GH] (略)

II 問 2

条件 p を表す不等式を連立不等式
$$\begin{cases} -3x - 8 < x + 4 \\ x + 4 < -2x + 7 \end{cases}$$
として解くと, $-3 < x < 1$。

(1) q が p の必要条件になる, すなわち,
$$p: -3 < x < 1 \Rightarrow q: |x| < r$$
が成り立つのは, $r \geqq 3$ のとき。

(2) q が p の十分条件になる, すなわち,
$$q: |x| < r \Rightarrow p: -3 < x < 1$$
が成り立つのは, $0 < r \leqq 1$ のとき。

III

$n + 15 = k^2$, $n - 16 = \ell^2$ の辺々を引くと
$$k^2 - \ell^2 = (n + 15) - (n - 16) = 31$$
$$(k + \ell)(k - \ell) = 31$$
$k + \ell$ が自然数であることと, $k + \ell > k - \ell$ より,
$$k + \ell = 31, \quad k - \ell = 1$$
(以下, 略)

IV

点 O から辺 BC, CA, AB に下ろした垂線の足をそ

れぞれ点 D, E, F とする。

(1) 内接円の中心を点 O とすると，$\angle \mathrm{OBC} = \dfrac{B}{2}$，$\angle \mathrm{OCB} = \dfrac{C}{2}$ であるから，
$$r = \mathrm{BD} \times \tan \dfrac{B}{2} = \dfrac{1}{3}\mathrm{BD}$$
$$r = \mathrm{CD} \times \tan \dfrac{C}{2} = \dfrac{1}{5}\mathrm{CD}$$
これより，$\mathrm{BD} : \mathrm{CD} = 3 : 5$ であるから，$\mathrm{BD} = \mathrm{BC} \times \dfrac{3}{8} = 6$。よって，$r = \dfrac{1}{3} \times 6 = 2$。

(2) 一般に，三角形の 3 つの辺の長さを a, b, c，内接円の半径を r，三角形の面積を S とすると，$S = \dfrac{1}{2}(a+b+c)r$ が成り立つ。この公式と，$\mathrm{AE} = \mathrm{AF}$，$\mathrm{BD} = \mathrm{BF}$，$\mathrm{CD} = \mathrm{CE}$ という性質を用いる。$\mathrm{AE} = \mathrm{AF}$ だけが未知なので，これを x とおき，上の公式に既知の値を代入すると，
$$\dfrac{240}{7} = \dfrac{1}{2}\{16 + (10+x) + (x+6)\} \times 2$$
これを解くと，$x = \dfrac{8}{7}$。(以下，略)

(3) 三角形 ABC に余弦定理を適用し，$\cos B$ の値を求める。これから $\sin B$ の値を求め，正弦定理を適用する。

모의고사 제 9 회

I 問 1

(1) $f(x) = -(x-m)^2 + m^2 - m - 6$ より。

(2) この放物線は上に凸であるから，頂点が x 軸より上にある。すなわち，$m^2 - m - 6 > 0$ が成り立つとき，題意を満たす。

(3) (i) 頂点の y 座標 $= m^2 - m - 6 > 0$，かつ (ii) 頂点の x 座標 $= m > 0$，かつ (iii) 放物線の y 切片 $= -m - 6 < 0$ が成り立つとき，題意を満たす。これらを連立不等式として解く。

I 問 2

(1) たとえば，A さん，B さんがともに当たり，C さんが外れたことを (W, W, L) と表す。C さんが当たるのは (W, L, W), (L, W, W), (L, L, W) のいずれかの場合で，その確率はそれぞれ
$$\dfrac{2}{10} \times \dfrac{8}{9} \times \dfrac{1}{8},\ \dfrac{8}{10} \times \dfrac{2}{9} \times \dfrac{1}{8},\ \dfrac{8}{10} \times \dfrac{7}{9} \times \dfrac{2}{8}$$
である。これらを加えると，求める確率は $\dfrac{1}{5}$ である。

(2) (略)

(3) (略)

II 問 1

(1) $a^2 + b^2 + c^2 = (a+b+c)^2 - 2(ab+bc+ca)$ より。

(2) 条件 (i) を用いて，$(a+b)(b+c)(c+a) = (8-c)(8-a)(8-b)$ としてから展開し，整理すると，
$$\text{与式} = 64 \times 8 - 64(a+b+c)$$
$$+ 8(ab+bc+ca) - abc$$
となり，これに既知の値を代入する。

(3) 一般に，3 次方程式 $px^3 + qx^2 + rx + s = 0\ (p \neq 0)$ の 3 つの解が $x = \alpha, \beta, \gamma$ のとき，
$$\alpha + \beta + \gamma = -\dfrac{q}{p}$$
$$\alpha\beta + \beta\gamma + \gamma\alpha = \dfrac{r}{p}$$
$$\alpha\beta\gamma = -\dfrac{s}{p}$$
という「解と係数の関係」が成り立つ。このことと，条件 (i)～(iii) より a, b, c は 3 次方程式 $x^3 - 8x^2 + 19x - 12 = 0$ の解である。これを解くと，$(x-1)(x-3)(x-4) = 0$ より $x = 1, 3, 4$。

II 問 2

(1) 3 点 A, B, D の座標はそれぞれ $\mathrm{A}\left(a, \dfrac{1}{3}a^2\right)$，$\mathrm{B}(a, -a^2+6)$，$\mathrm{D}\left(-a, \dfrac{1}{3}a^2\right)$ と表される。よって，$\mathrm{AD} = 2a$，$\mathrm{AB} = (-a^2+6) - \dfrac{1}{3}a^2 = 6 - \dfrac{4}{3}a^2$。放物線 C_1 と C_2 の交点の x 座標は，方程式 $\dfrac{1}{3}x^2 = -x^2+6$ の解であるから，$x = \pm\dfrac{3\sqrt{2}}{2}$。これと，題意より点 A は第 1 象限にあることから，$0 < a < \dfrac{3\sqrt{2}}{2}$。$\mathrm{AB} = \mathrm{AD}$ であるとき，$6 - \dfrac{4}{3}a^2 = 2a$ より $a = \dfrac{3}{2}, -3$。$0 < a < \dfrac{3\sqrt{2}}{2}$

より $a = \dfrac{3}{2}$。

(2) 長方形の周の長さを L とおくと，
$$\begin{aligned} L &= (\mathrm{AD} + \mathrm{AB}) \times 2 \\ &= -\dfrac{8}{3}a^2 + 4a + 12 \\ &= -\dfrac{8}{3}\left(a - \dfrac{3}{4}\right)^2 + \dfrac{27}{2} \end{aligned}$$

よって，$a = \dfrac{3}{4}$ のとき，L は最大値 $\dfrac{27}{2}$ をとる。

III

(1) 一般に，ある自然数 x が $x = p^m q^n$（p, q は素数，m, n は 1 以上の整数）と素因数分解されるならば，x の約数は $(m+1)(n+1)$ 個である。よって，正の約数が $15 = 3 \times 5$ 個である自然数 n は $n = \bigcirc^2 \times \square^4$ の形に因数分解される。$12 = 2^2 \times 3$ の倍数は，2 と 3 を因数としてもつから，題意を満たすのは
$$n = 2^2 \times 3^4 \quad \text{または} \quad n = 2^4 \times 3^2$$
のみである。

(2) 4 つの数字 0, 1, 2, 3 だけを用いているので，並べられた数は四進法の数ともいえる。たとえば，左から 7 番めの数 13 を $13_{(4)}$ と表し，十進法の数に変換すると，
$$13_{(4)} = 1 \times 4^1 + 3 \times 4^0 = 7_{(10)}$$
となり，左からの順番に一致する。同様に考えて，
$$300_{(4)} = 3 \times 4^2 + 0 \times 4^1 + 0 \times 4^0$$
$$= 48_{(10)}$$
$$300_{(10)} = 1 \times 4^4 + 0 \times 4^3 + 2 \times 4^2$$
$$+ 3 \times 4^1 + 0 \times 4^0$$
$$= 10230_{(4)}$$
より，解が得られる。

IV

(1)（略）
(2) 三角形 BDE に余弦定理を適用する。

(3) (2) より $\sin\theta = \dfrac{7\sqrt{2}}{10}$。$S = \dfrac{1}{2} \cdot 2\sqrt{5} \cdot 2\sqrt{10} \sin\theta = 14$。〈別解〉3 辺の長さがわかっているので，ヘロンの公式を適用してもよい。

(4) 三角錐 AEBD の体積を V とすると，$V = \dfrac{1}{3}Sh$ が成り立つ。一方，三角錐 AEBD の底面を三角形 ABD と見ると，底面の面積が 12，高さが 2 であるから，$V = 8$ が得られる。よって，$\dfrac{1}{3} \times 14 \times h = 8$ が成り立つ。

(5) 三角錐 AEBD の内接球の中心を点 O とし，点 O と 4 つの頂点 A, B, D, E をそれぞれ結ぶと，三角錐 AEBD は高さがどれも r で，底面積が 4, 6, 12, 14 である 4 つの三角錐に分けられる。よって，$V = \dfrac{1}{3}(4+6+12+14) \times r$ が成り立つ。

모의고사 제 10 회

I 問1

(1) $f(x) = -(x - 2a)^2 + 6a^2 + 6$ より。

(2) (i) $a < 0$ のとき，$2a < 0$ であるから，頂点は定義域 $0 \leq x \leq 2$ の左側の外にある。よって，$M = f(0)$。

(ii) $0 \leq a \leq 1$ のとき，$0 \leq 2a \leq 2$ であるから，頂点は定義域の中にある。よって，$M = f(2a)$。

(iii) $a > 1$ のとき，$2a > 2$ であるから，頂点は定義域の右側の外にある。よって，$M = f(2)$。

(3)（略）

I 問2

(1) $x_1 + x_2 + x_3$ が奇数となるのは，3 回のうち，(a) 1 回だけ奇数が出る場合と (b) 3 回とも奇数が出る場合である。また，1 回さいころを投げて奇数が出る確率は $\dfrac{3}{6} = \dfrac{1}{2}$ である。よって，(a), (b) それぞれの確率は
$$\text{(a)} \ {}_3\mathrm{C}_1 \left(\dfrac{1}{2}\right)^1 \times \left(\dfrac{1}{2}\right)^2$$

(b) $_3C_3 \left(\frac{1}{2}\right)^3 \times \left(\frac{1}{2}\right)^0$

これらを加えると，求める確率は $\frac{1}{2}$。

(2) $x_1 < x_2 < x_3$ となる x_1, x_2, x_3 は異なる3つの数であるから，その選び方は $_6C_3$ 通り。よって，求める確率は $\frac{_6C_3}{6^3} = \frac{5}{54}$。

〔補足〕1～6の6つの数字から，順序を考慮に入れずに3つの数を選ぶ。たとえば，4, 6, 1を選んだとすると，これは $x_1 = 1, x_2 = 4, x_3 = 6$ に対応すると考えればよい。

(3) $x_1 = x_2$ かつ $x_2 < x_3$ となるのは $_6C_2 = 15$ 通り。同様に，$x_1 < x_2$ かつ $x_2 = x_3$ となるのも $_6C_2 = 15$ 通り。また，$x_1 = x_2 = x_3$ となるのは $_6C_1 = 6$ 通り。(2) と合わせて，題意を満たすのは $20 + 15 + 15 + 6 = 56$ 通り。よって，求める確率は $\frac{56}{6^3} = \frac{7}{27}$。

II 問1

(1) $|2x - 3| < 2$ は $-2 < 2x - 3 < 2$ と同値である。これを解けばよい。

(2) 絶対値は必ず0以上の値であるから，$a \leq 0$ のとき，不等式②が成り立つことはない。$a > 0$ のとき，$|ax - 5| < a$ は $-a < ax - 5 < a$ と同値である。これを解けばよい。

(3) 不等式①の解 $\frac{1}{2} < x < \frac{5}{2}$ を区間 I_1，不等式②の解 $\frac{5-a}{a} < x < \frac{5+a}{a}$ を区間 I_2 とよぶことにする。I_1, I_2 ともに幅が2であることに注意しつつ，区間 I_1 と I_2 が共通部分をもつような条件を考えると，(I_2 の右端に着目して)
$$\frac{1}{2} < \frac{5+a}{a} < \frac{5}{2} + 2$$
であればよい。これを解けばよい。

II 問2

(1) (略)

(2) $f(x) = -2a(x-1)^2 + 3a - 2$ より，放物線 $y = f(x)$ の頂点の座標は $(1, 3a - 2)$。これが放物線 $y = g(x)$ 上にあるから，$g(1) = 3a - 2$ が成り立つ。これを解くと，$a = \frac{1}{2}$。

(3) 2つの放物線が平行移動によって重なるための必要条件の一つは，それぞれを表す式の x^2 の係数が等しいことである。つまり，$-2a = 2 - a$ が成り立つことから，$a = -2$。このとき，放物線 $y = f(x)$ の頂点は点 $(1, -8)$，放物線 $y = g(x) = 4x^2 + 4x - 1$ の頂点は点 $\left(-\frac{1}{2}, -2\right)$ であり，点 $(1, -8)$ を x 軸方向に $-\frac{3}{2}$，y 軸方向に6だけ平行移動すると，点 $\left(-\frac{1}{2}, -2\right)$ に重なる。

III

一般に，ある数 n を a で割ったときの商を q，余りを r とすると，$n = aq + r$ $(0 \leq r < a)$ が成り立つ。題意より
$$77 = aq + 5 \quad (5 < a)$$
$$163 = aq' + 7 \quad (7 < a)$$
よって，
$$aq = 72 = 2^3 \times 3^2$$
$$aq' = 156 = 2^2 \times 3 \times 13$$
a は72と156の公約数，すなわち，この2数の最大公約数 $2^2 \times 3 = 12$ の約数であるから，$a = 1, 2, 3, 4, 6, 12$ のいずれか。$a > 7$ より $a = 12$。

IV

(1) 2つの直線が平行でなく交わりもしないとき，「この2直線はねじれの位置にある」という。選択肢 ⓪，①，③ は辺 AE，辺 BD のどちらかと交わるので，解ではないと判断できる。

(2) 直角三角形 BFH にピタゴラスの定理（三平方の定理）を適用する。

(3) MA = MB = $\frac{1}{2}$BD = $\frac{1}{2} \times 6\sqrt{2} = 3\sqrt{2}$。MG，AG の長さはそれぞれ直角三角形 MCG，AEG にピタゴラスの定理を適用すると求められる。

2平面のなす角の定義より $\beta = \angle$CMG であるから，
$$\cos\beta = \frac{\text{MC}}{\text{MG}} = \frac{\sqrt{3}}{3}$$

부 록

数学 解答用紙

数学 解答用紙

HED발행 도서로 일본유학시험(EJU) 완전 정복

개념서와 문제집, 기출문제집으로 실전 완벽 대비 가능!
여러분의 고득점을 응원합니다!

전국 대형 서점 및 온라인 서점 절찬 판매중

EJU 기출문제집 시리즈

코치학원 모의시험 10회분 시리즈

코치학원 개념서&모의고사

EJU 대비 개념서 하이레벨 시리즈

메코시코주쿠 실전문제집 Vol.1

메코시코주쿠 실전문제집 Vol.2

메코시코주쿠 문법&단어·어휘

홈페이지 : www.hedgroup.co.kr   문의 : 02-736-1010

글로벌 인재육성, 1984년설립
(주)해외교육사업단

교육으로 세계를 연결하는 회사
코치학원의 서적

유학생을 위한 진학예비교와 일본어학교 운영, 서적출판과 교재개발, 모의시험과 취직지원 사업 등, 폭넓게 사업을 전개하는 코치학원.
진학예비교는 중국인 어학연수생의 일본 국내 재학생수가 업계 탑을 자랑합니다. 장기간의 연구·분석에 의한 교재개발 능력을 강점으로 작성된 교재는 일본유학시험과 대학입시 대비에서 빼놓을 수 없는 것으로서 높은 평가를 받고 있습니다.

인기 판매 최신 서적

지도와 그래프가 컬러로 보기 쉽다!

최신 발행 서적

모의고사 문제집. 10회분 수록!

인기서적 『일본유학시험(EJU) 모의시험 시리즈』 한국어판

EJU에 출제된 문제를 철저하게 연구·분석하여 작성한 모의시험문제 10회분 수록!

편저

코치학원교육총서
EJU 일본유학시험대비　모의고사문제집　수학　코스1

발행일	2024년 10월 25일 초판 제1쇄
편저자	코치학원 주식회사
발행인	송부영
발행처	(주) 해외교육사업단
출판등록	제16-1456호
주소	서울시 서초구 강남대로 381
전화	02-736-1010
이메일	song@hed.co.kr
홈페이지	www.hedgroup.co.kr

* 본사에서는 소중한 원고, 새로운 기획의 제안을 기다리고 있습니다.
* 이 책은 저작권법에 의해 보호를 받는 저작물이므로 무단 전재와 복제를 금합니다.
* 잘못된 책은 구입하신 서점이나 본사에서 교환해 드립니다.

ⓒ 2021 Coach Academy Co.,Ltd.　All Rights Reserved.